Coleção
Eu gosto m@is

ENSINO FUNDAMENTAL

CIÊNCIAS
6º ano

1ª EDIÇÃO
SÃO PAULO
2012

IBEP

Coleção Eu Gosto Mais
Ciências 6º ano
© IBEP, 2012

Diretor superintendente	Jorge Yunes
Gerente editorial	Célia de Assis
Reformulação e adaptação de texto	Felipe A. P. L. Costa
Texto original	Antonio Carlos Pezzi
Assistente editorial	Érika Nascimento
Revisão	Berenice Baeder
	Maria Inez de Souza
Coordenadora de arte	Karina Monteiro
Assistentes de arte	Marilia Vilela
	Tomás Troppmair
Coordenadora de iconografia	Maria do Céu Pires Passuello
Assistentes de iconografia	Adriana Correia
	Wilson de Castilho
Produção editorial	Paula Calviello
Produção gráfica	José Antonio Ferraz
Assistente de produção gráfica	Eliane M. M. Ferreira
Capa e projeto gráfico	Departamento de arte IBEP
Editoração eletrônica	Conexão Editorial

CIP-BRASIL. CATALOGAÇÃO-NA-FONTE
SINDICATO NACIONAL DOS EDITORES DE LIVROS, RJ

S713c

Pezzi, Antônio Carlos
 Ciências, 6º ano / Antônio Carlos Pezzi. - 1.ed. - São Paulo : IBEP, 2012.
    28 cm   (Eu gosto mais)

 ISBN 978-85-342-3420-7 (aluno) - 978-85-342-3424-5 (mestre)

 1. Ciências (Ensino fundamental) - Estudo e ensino. I. Pezzi, Antônio Carlos
II. Título. III. Série.

12-5673
                                                            CDD: 372.35
                                                            CDU: 373.3.016:5

10.08.12   17.08.12   038022

1ª edição - São Paulo - 2012
Todos os direitos reservados

IBEP

Av. Alexandre Mackenzie, 619 - Jaguaré
São Paulo - SP - 05322-000 - Brasil - Tel.: (11) 2799-7799
www.editoraibep.com.br   editoras@ibep-nacional.com.br
Impressão Serzegraf - Setembro 2016

Apresentação

Terra, água, ar e solo compõem os conteúdos deste livro, que se inicia com as teorias de formação do Universo e do planeta.

Ao lado dos principais conceitos para a compreensão dos diversos ambientes que formam o planeta, apresentamos noções básicas de ecologia, a ciência que estuda as relações entre os seres vivos e entre eles e o ambiente.

Com o estudo da ecologia, esperamos que você possa compreender os processos que regulam o delicado equilíbrio entre os seres vivos e o ambiente e também perceber a necessidade de conscientização a respeito das interferências e das consequências das ações do ser humano na natureza.

Bom estudo!

Sumário

Capítulo 1 – O Big Bang do Universo 7
Tão longe, tão perto 8
A grande explosão 9

Capítulo 2 – O Sistema Solar 13
Os planetas 15
Estrelas e constelações 16

Capítulo 3 – O que sobrou do Big Bang 22
As porções da Terra 23
Por fora e por dentro 24
A Pangeia 24
Terremotos 26
Vulcões 28

Capítulo 4 – A matéria 32
Propriedades gerais da matéria 34
Os elementos químicos 35

Capítulo 5 – Os estados físicos da matéria 37
Energia, calor e temperatura 39
Pressão atmosférica 41

Capítulo 6 – Os elementos químicos e as substâncias 47
Substâncias 48
Uma camada protetora... ou não 49
Mistura 49
Separação de misturas homogêneas 51
Separação de misturas heterogêneas 52

Capítulo 7 – As rochas 56
Magmáticas 57
Metamórficas 58
Sedimentares 59
Os fósseis 61
Os minerais e os minérios 62

Capítulo 8 – A origem e formação dos solos 66
Tipos de solos 67
Uso do solo para a agricultura 69
Outras práticas de boa agricultura 70
Erosão 70
Desmatamento e queimadas 70

Capítulo 9 – A água **73**

Ganhamos e perdemos água 75

Propriedades físicas da água 76

Princípios dos vasos comunicantes 80

A água nas cidades 81

**Capítulo 10 – O uso e o abuso
da água** **85**

Poluição das águas 86

Doenças adquiridas pela água 87

Uma estação de tratamento – ETA 90

Tratamento de esgoto 91

**Capítulo 11 – A atmosfera:
estrutura e composição** **98**

As camadas da atmosfera 100

O ar 101

Propriedades físicas do ar 105

Medindo a pressão 105

Pressão atmosférica e vaporização 106

Composição química do ar 108

Capítulo 12 – Vento e meteorologia ... **113**

Vento 114

Estações meteorológicas 115

Chuvas 117

**Capítulo 13 – Uso e abuso
da atmosfera** **121**

Voo dos aviões 122

Foguetes 123

Fontes de degradação 124

Doenças transmitidas pelo ar 126

**Capítulo 14 – Ecologia:
conceitos essenciais** **131**

Hábitat e ambiente 132

Nicho ecológico 133

Os ambientes e a evolução 133

O que é ecologia? 134

A hipótese de Gaia 135

**Capítulo 15 – Cadeias e
teias alimentares** **139**

Cadeia alimentar 140

Teia ou rede alimentar 141

Capítulo 16 – Interações ecológicas **145**

Relações intraespecíficas 146

Relações interespecíficas harmônicas 147

Relações interespecíficas desarmônicas 149

Defesa contra inimigos naturais 151

Capítulo 17 – A vegetação brasileira ... 158

Floresta Amazônica 159

Mata dos cocais 161

Complexo Pantanal 161

Campo Cerrado 162

Caatinga 164

Mata Atlântica 164

Mata de Araucária 165

Campos Limpos – pampas
(ou campos sulinos) 166

Uso e abuso da terra 167

Outros problemas do desmatamento 167

Mineração e garimpo 168

Queimadas 168

Agrotóxicos 169

Lixo 169

Outros problemas 170

O que nos espera em 2032 170

Capítulo 1
O Big Bang do Universo

Quando o assunto é o estudo do Universo, as escalas se tornam muito grandes. As distâncias são gigantescas e os intervalos de tempo vão muito além daqueles a que estamos habituados em nosso dia a dia. Só para se ter ideia disso, a distância do Sol a Terra é de 150 milhões de quilômetros. Os desafios para entender tudo isso também são enormes.

Até as primeiras décadas do século XX, a maioria dos cientistas acreditava que o Universo era imutável e eterno – isto é, sem início ou fim. De acordo com esse ponto de vista, matéria nova estaria continuamente sendo gerada.

Não é uma ideia tão absurda, pois o Sol, ao redor do qual giram a Terra e mais sete planetas, é uma das trezentas bilhões de estrelas da **Via Láctea**, a nossa **galáxia**, onde está o Sistema Solar da Terra e uma infinidade de corpos celestes.

Para medir as distâncias entre os corpos celestes, os **astrônomos**, estudiosos dos astros, criaram uma unidade de medida. Medir distâncias no espaço em quilômetros é o mesmo que medir a distância de Brasília a Londres em centímetros. Por isso, em astronomia é usado o **ano-luz**, distância percorrida pela luz, no vácuo, durante um ano.

Representação da origem do Universo.

7

O vácuo não é ocupado por nada, nem mesmo por gases ou vapor de água. Portanto, no vácuo, não existe nada para exercer pressões. Ao contrário da luz, o som não se propaga no vácuo e, por isso, as cenas da maioria dos filmes de ficção científica não são tão reais, principalmente quando ouvimos as explosões no espaço.

Tão longe, tão perto

Via Láctea.

Telescópio espacial Hubble.

Com os **radiotelescópios** orbitais, satélites moderníssimos e sofisticados computadores, as distâncias não parecem tão grandes, mas é um engano.

A luz se propaga a uma velocidade de 300 mil quilômetros por segundo, daí podemos saber quanto ela percorre em um ano. É essa distância que denominamos **ano-luz**.

Imagine que uma estrela está a 45 trilhões de quilômetros de distância e, em um ano, a luz percorre 9 trilhões de quilômetros, aproximadamente. Então, a luz percorrerá aquela distância em 5 anos-luz.

A Via Láctea é apenas uma das 100 bilhões de outras galáxias que, como a nossa, são formadas por tantos outros sóis.

Será que o Universo se estende a 20 bilhões de anos-luz, que é até onde chega nossa capacidade de observação? Ou será maior? E, se o Universo tiver limites, o que encontraríamos depois que ele terminasse?

É interessante observar que as distâncias do cosmos são tão misteriosas que mexem com o tempo. A distância entre certa estrela e a Terra é de 360 milhões de quilômetros e seu brilho demora uns 20 minutos para chegar aos nossos olhos; portanto, ao olharmos para essa estrela, vemos como ela estava 20 minutos antes.

O mesmo acontece com os demais corpos celestes: quanto mais distantes da Terra, mais tempo a luz demora para nos alcançar.

Veja como calcular a distância percorrida pela luz no caso do exemplo da estrela.

Velocidade da luz em 1 segundo = 300.000 km
1 minuto = 60 segundos
300.000 x 60 = 18.000.000 km
Distância da estrela = 360.000.000 km

360.000.000	18.000.000
000	20 minutos

8

A grande explosão

Uma hipótese alternativa pioneira, segundo a qual o Universo seria mutável e teria idade finita, foi proposta pelo matemático russo Alexander Friedmann (1888-1925), em 1922. Explicação semelhante, chamada hipótese do átomo primitivo, foi desenvolvida de modo independente pelo físico e clérigo católico belga Georges Lemaître (1894-1966).

As primeiras evidências empíricas em favor de um Universo em expansão surgiram poucos anos depois. Entre 1929 e 1931, o astrônomo estadunidense Edwin Hubble (1889-1953) publicou alguns resultados inovadores. Analisando a luz emitida por estrelas distantes, Hubble descobriu – em parceria com o astrônomo prático estadunidense Milton Humason (1891-1972) – que as galáxias parecem estar se afastando de nós, mas de um jeito bem intrigante: a velocidade de afastamento aumenta com a distância. Quer dizer, quanto mais distante a galáxia, mais rapidamente ela se afasta. Essa relação, que ficou conhecida como **lei de Hubble**, diz que o Universo está se expandindo.

Fotografia divulgada pela Nasa em abril de 2010, no 20º aniversário do telescópio Hubble, da nebulosa Carina, situada a 7,5 mil anos-luz da Terra. Nebulosa é uma enorme nuvem formada principalmente por hidrogênio, poeira e outras substâncias.

Evidências adicionais em apoio a essas novas ideias foram obtidas ao longo do século XX. A interpretação dominante hoje é a de que vivemos em um Universo que teve um início e que desde então vem se expandindo, embora alguns cientistas ainda interpretem as evidências de outro modo.

O planeta Terra visto do espaço com o Sol.

A Terra vista da Lua, seu satélite natural.

9

Você sabia?

O escritor inglês H. G. Wells (1866-1946) deixou vários romances importantes como herança, muitos deles de ficção científica e, entre muitos, especialmente um fez bastante sucesso: *A guerra dos mundos*.

O livro, e depois os filmes (foram duas versões), conta que marcianos invadiram a Terra provavelmente para nos escravizar. Quando o planeta já estava semidestruído, um valioso "aliado" começou a ajudar os terráqueos.

Orson Welles (1915-1985), radialista que viria a ser famoso como diretor de cinema, resolveu interpretar em seu programa de rádio justamente *A guerra dos mundos*, de H. G. Wells. Com apenas 23 anos, Orson foi tão inventivo e realista ao radiofonizar o romance da invasão dos marcianos na forma de boletins noticiosos que a noite de 30 de outubro de 1938 jamais será esquecida em Grovers Mill, Nova Jersey, nos Estados Unidos.

Os habitantes do lugar pensaram que a Terra estivesse realmente sendo invadida, e precipitaram um grande pânico, fazendo com que muitos fugissem de casa e provocassem enormes congestionamentos.

Ruas lotadas e destruídas, vários abortos, policiais e bombeiros procurando marcianos que não existiam e aquela confusão toda transformaram o episódio num marco da transmissão radiofônica.

Sempre demonstramos curiosidade pela vida extraterrestre, e o fato relatado, apesar de ter ocorrido numa época em que a comunicação não era tão ágil ou eficiente, mostra o receio que aflige o ser humano em descobrir outra forma de vida inteligente além da nossa.

H. G. Wells, autor de fantásticos romances como *O homem invisível* e *A máquina do tempo*.

Orson Welles em seu programa na Rádio CBS, quando simulou a invasão da Terra.

Temos medo de alguma hostilidade que possamos sofrer, além de perdermos este adorado terceiro planeta? Quanto às possíveis agressões, já existe ódio suficiente entre os seres humanos, na violência urbana de todos os dias e em dezenas de revoluções e guerras espalhadas pelo mundo.

Em relação ao nosso planeta, não devemos esperar alienígenas para destruí-lo, pois nós mesmos estamos fazendo isso, basta lembrar o grau de poluição e falta de sustentabilidade que conseguimos atingir.

Será que muitos não acreditam em outra forma inteligente de vida porque julgam a espécie humana o máximo da evolução? Seríamos os soberanos do Universo? Somos mesmo os donos do mundo? Quanta soberba e falta de humildade para quem é tão pequeno e vulnerável diante desse mesmo Universo. Basta lembrar do vírus causador da aids, o HIV, ou mesmo do vírus da "febre suína", o H1N1.

Do ponto de vista científico, não podemos afirmar que é zero a chance de existir vida inteligente fora da Terra, porém faltam provas.

À procura de tais provas alguns cientistas inauguraram em 1992 o Projeto Seti (Search for Extraterrestrial Inteligence ou procura por inteligência extraterrestre). São poderosos e gigantescos radiotelescópios associados a incríveis computadores, em mais de 30 países, tentando captar sinais inteligentes vindos do espaço, durante 24 horas por dia.

As sondas espaciais Pioneer 10 e 11, lançadas em 1972, assim como as naves Voyager 1 e 2, lançadas em 1977, todas norte-americanas, carregam placas e discos de ouro com saudações e outras indicações gravadas a respeito da Terra e seus ocupantes.

Se encontrarmos alguma inteligência extraterrestre, ela talvez possa nos ajudar a descobrir nossa origem e compreender nosso futuro.

Capa do livro *A guerra dos mundos*.

ATIVIDADES

1 De acordo com os conteúdos estudados, responda:

a) Qual é a distância percorrida pela luz em um ano?

_____

_____

_____

b) Imagine uma estrela a 135 trilhões de quilômetros de distância da Terra. Qual é a distância em anos-luz?

_____

_____

_____

2 Quanto tempo demora para a luz do Sol chegar à Terra?

_____

_____

_____

_____

3 Na maioria dos filmes de ficção, o barulho provocado pela explosão de naves é imenso. Até em filmes como *Guerra nas estrelas* (*Star wars*) ouvimos o ruído das explosões.

O barulho das armas e das explosões, tanto nos filmes como ilustrados nos quadrinhos acima, pode ser ouvido?

_____

_____

_____

_____

11

4 O telescópio espacial Hubble foi imaginado nos anos 1940, projetado e construído nos anos 1970 e 1980, e entrou em funcionamento em 1990, recebendo o nome em homenagem a Edwin Powell Hubble (1889-1953). Procure saber sobre a vida desse astrônomo.

_____
_____
_____
_____
_____
_____
_____

5 Em abril de 1961, o cosmonauta russo Yuri Gagarin viu o que ninguém tinha visto até então. Solenemente, ele disse: "A Terra é azul"; e, em julho de 1969, os astronautas norte-americanos Neil Armstrong e Edwin "Buzz" Aldrin foram os primeiros seres humanos a pisarem na Lua.

O desenvolvimento tecnológico e a corrida entre as duas nações levaram aos primeiros êxitos na conquista do espaço.

Em março de 2006, o tenente-coronel brasileiro Marcos César Pontes, juntamente com astronautas de outros países, permaneceu durante oito dias na Estação Espacial Internacional (ISS), na qual foram realizados vários experimentos.

Nessa corrida espacial, a humanidade sai vencedora, pois sabemos que parte da tecnologia que usamos é resultado direto do desenvolvimento alcançado pelas pesquisas científicas.

Como você, habitante deste planeta e parte interessada nesta história, vê essas pesquisas científicas? Baseado na premissa de que tudo na vida tem um lado bom e outro ruim, escreva uma vantagem e uma desvantagem para a continuidade dos projetos espaciais.

_____
_____
_____
_____
_____
_____
_____
_____
_____

Capítulo 2 — O Sistema Solar

Todas as sociedades humanas conhecidas parecem ter algum tipo especial de narrativa para descrever a origem do mundo e das coisas que nos rodeiam. A ciência moderna também busca construir uma narrativa própria para explicar a origem do Universo e das coisas que o integram.

De acordo com a teoria do Big Bang, o Universo teria surgido há 13,7 bilhões de anos. Isso significa dizer que, há 13,7 bilhões de anos, toda a matéria (moléculas, átomos, partículas subatômicas) que hoje está distribuída em bilhões de galáxias, cada uma contendo bilhões de estrelas, estava concentrada em uma região incrivelmente densa e superaquecida.

Em seus primórdios, o Universo era tão quente que sequer os átomos existiam, apenas partículas subatômicas soltas. Apenas alguns milhares de anos após o Big Bang, a temperatura teria caído o suficiente para permitir o surgimento dos primeiros átomos – hidrogênio e hélio, os elementos mais simples.

A nossa galáxia, a Via Láctea, foi formada há cerca de 12 bilhões de anos. O Sistema Solar (o Sol, os planetas que o rodeiam, incluindo a Terra, e seus respectivos satélites) surgiu bem depois, há cerca de 4,6 bilhões de anos.

Olhando para o céu noturno, o ser humano sempre buscou pistas ou mesmo explicações para diversos fenômenos, além de tentar relacionar tais fenômenos com a vida cotidiana.

O Sistema Solar ao qual pertencemos sempre provocou curiosidade entre os cientistas, pois nele está a Terra, com mais sete planetas, seus satélites, anéis, corpos menores e uma enorme estrela, o Sol.

Na figura abaixo vemos todos os planetas com suas cores reais e em suas trajetórias ao redor do Sol.

Os oito planetas e suas órbitas em torno do Sol.

Entre todas as descobertas ligadas a isso, nada causou mais polêmicas e discussões do que as propostas feitas pelo grego **Claudius Ptolomeu** (90-168) e pelo polonês **Nicolau Copérnico** (1473-1543). O primeiro defendia que a Terra seria o centro de tudo e, ao redor dela, girariam os planetas, o Sol e outras estrelas. Essa ideia era o **geocentrismo**.

Copérnico, por sua vez, pregava que os planetas, inclusive a Terra, é que giravam em torno do Sol. Essa teoria, denominada **heliocentrismo**, foi combatida por muitos e pela Igreja. Um dos que aceitaram o que disse Copérnico foi o italiano Galileu Galilei (1564-1642), que inclusive colaborou para confirmar o heliocentrismo.

Claudius Ptolomeu.

Nicolau Copérnico.

Galileu não só criou uma luneta mais potente, usando conhecimentos dos holandeses sobre lentes, e fez interessantes e valiosas descobertas sobre a Lua e alguns planetas, como também acabou desafiando a Igreja Católica, que mantinha a crença no **geocentrismo**, com a Terra e o homem como centros do Universo.

Isso custou a condenação de Galileu pela Inquisição, um duro tribunal da Igreja, existente desde o século XVIII, o qual já havia condenado outros que contradiziam as crenças da Igreja. Para escapar da morte, mas ficar preso, Galileu negou publicamente a teoria de Copérnico, episódio que foi chamado abjuração de Galileu. Seu processo de condenação pela Inquisição só foi anulado recentemente, no fim do século XX, pelo papa João Paulo II.

Galileu Galilei.

Você sabia?

No início do século XVII, Galileu Galilei soube do invento de certas lentes pelos holandeses, as quais eram destinadas para as pessoas assistirem a óperas com maior proximidade e visualização de suas poltronas nos teatros.

Galileu aperfeiçoou as lentes e montou suas duas primeiras lunetas, hoje expostas no Museu da História da Ciência de Florença, Itália. Foi com elas que ele fez descobertas que mudaram o conhecimento humano e o pensamento científico de sua época, estimulando outros pensadores e cientistas a conhecer mais detalhes do Universo.

Os planetas

As oito órbitas planetárias (movimento de translação) em torno do Sol, uma estrela que queima continuamente, representam nosso Sistema Solar.

Planeta significa "astro errante", porque todos descrevem continuamente giros em torno do Sol. Aliás, todos os astros se movimentam, só não percebemos devido à sua distância.

O brilho dos planetas não é muito intenso, pois eles não têm luz própria, apenas refletem a luz do Sol, mesmo assim alguns deles são visíveis a olho nu, isto é, sem auxílio de nenhum instrumento, como é o caso de Vênus. Veja quais são os planetas do Sistema Solar:

- **Mercúrio:** é o planeta mais próximo do Sol e sua temperatura alcança mais de 400 °C no lado iluminado. É pequeno, do tamanho da nossa Lua, e não tem satélites ou luas, aqueles astros menores que giram em torno dos planetas. Sua distância do Sol é de 58 milhões de quilômetros.
- **Vênus:** devido ao reflexo da luz solar é chamado "estrela Dalva" e é visto facilmente ao anoitecer. Sua atmosfera tem muitos gases, emitidos por vulcões. Não possui satélites naturais.
- **Terra:** sua atmosfera rica em nitrogênio e oxigênio permite, além da água, enorme variedade de organismos aqui adaptados. Seu único satélite, a Lua, foi alcançado pelo homem no dia 21 de julho de 1969.
- **Marte:** o "planeta vermelho", cuja atmosfera irrespirável sofre grandes variações de calor e de frio, é metade do tamanho da Terra. Tem duas luas.
- **Júpiter:** com diâmetro 11 vezes maior que o da Terra, é o gigante dos planetas e sua atmosfera, com muitos gases, envolve um núcleo rochoso. Possui 16 satélites naturais ou luas.
- **Saturno:** é o maior depois de Júpiter e, como este, tem uma atmosfera rica em hidrogênio e muito fria. Seus anéis de "poeira" rochosa e gelo conferem um aspecto belíssimo. Possui 18 luas.
- **Urano:** também é rodeado por anéis e suas temperaturas descem até 200 °C negativos. Mostra 15 satélites naturais.
- **Netuno:** muito gasoso e frio, é cercado por nuvens geladas de hidrogênio. Tem quatro anéis e oito luas.

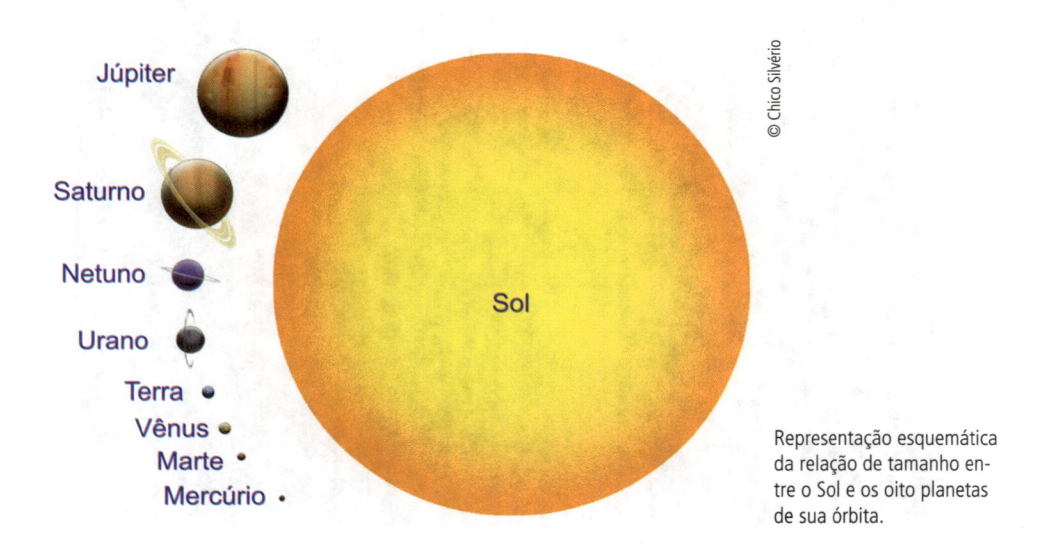

Representação esquemática da relação de tamanho entre o Sol e os oito planetas de sua órbita.

A União Astronômica Internacional decidiu, em agosto de 2006, segundo critérios de tamanho, órbita etc., que Plutão, corpo celeste menor que a Lua, passa a ser considerado, a partir daquela data, um planeta-anão, como Ceres, situado entre Marte e Júpiter, e Eris (antes chamado Xena), localizado após a órbita de Plutão e descoberto em 2003.

Estrelas e constelações

A partir das nebulosas, gigantescas nuvens de gás e poeira do espaço, formam-se as estrelas. Esse material vai se acumulando num único lugar até atingir uma temperatura de milhões de graus Celsius, quando a estrela se converte numa imensa bola gasosa que passa a emitir luz e calor, como o nosso Sol, por tempo indeterminado, até bilhões de anos.

O Sol que nos ilumina, supostamente daqui a uns poucos bilhões de anos, vai sair do estágio de estrela amarela com 6.000 °C na superfície, passar por outras fases até sofrer outra grande explosão e transformar-se numa anã branca ou num buraco negro.

Do material resultante da explosão, gases e poeira interestelar, formam-se nebulosas de onde poderão nascer outras estrelas. Novas e supernovas são os nomes que damos, de acordo com seu tamanho, às estrelas que desaparecem.

Os povos mais antigos já uniam algumas estrelas, nem sempre tão próximas, por linhas imaginárias para formar figuras de animais, objetos etc., constituindo as chamadas constelações.

Não é difícil imaginar que o número dessas figuras aumentou tanto que, para regulamentar tudo isso, a União Astronômica Internacional tornou oficiais apenas 88 constelações, como Andrômeda, Cassiopeia, Cruzeiro do Sul, Ursa Maior, Ursa Menor, as zodiacais e outras.

Nebulosa.

Estrelas cadentes

Ao entrar com enorme velocidade na atmosfera terrestre, camada com aproximadamente 1.000 quilômetros de espessura que envolve a Terra, um pequeno fragmento de cometa ou asteroide acaba queimando e se desintegra, provocando um risco curvo e brilhante no céu por alguns segundos.

Em lugares sem muita iluminação, como os campos, com o ar sem poluição e o céu sem nuvens, podemos ver muitos deles numa mesma noite.

Esses minúsculos corpos com até 1 centímetro são chamados meteoroides, e os maiores, quando se tornam incandescentes, mas não se desintegram totalmente caindo na Terra, denominam-se meteoritos.

Corpos muito maiores são conhecidos como asteroides, dos quais muitos são temidos, pois se acredita que algum possa se chocar com a Terra e provocar um efeito devastador.

Entre as órbitas de Marte e Júpiter há um cinturão de asteroides. São rochas e estilhaços de tamanho considerável, alguns com centenas de quilômetros de diâmetro, em órbita solar. Por causa do tamanho e da velocidade que os asteroides adquirem, realmente seria perigoso se algum se chocasse contra o nosso planeta.

Cientistas acreditam que, na adolescência do nosso planeta, quando os dinossauros dominavam o ambiente terrestre, um grande asteroide teria colidido com a Terra, provocando tamanhas alterações que aqueles grandes animais acabaram se extinguindo.

Você sabia?

Deuses do espaço

Chamamos de mito uma tradição ou acontecimento natural, ou histórico, representado por meio de fábulas ou fantasias que realçam de maneira muito forte aquilo que deve ser passado às gerações seguintes. Os mitos são estudados ou reunidos pela mitologia e um exemplo é aquele deixado pelos gregos sobre os nomes dos planetas do nosso Sistema Solar: (o primeiro nome é a denominação latina e o segundo é a denominação grega):

- Mercúrio ou Hermes – mensageiro dos deuses, é filho de Júpiter e de Maia; é considerado o deus das viagens e da eloquência.
- Vênus ou Afrodite – deusa da beleza e do amor, é filha de Júpiter e de Diana; nasceu das partes mutiladas de Urano que caíram no mar.
- Terra ou Gaia – mãe de todos os seres, uniu-se a Urano e daí nasceram o Sol, a Lua, os Relâmpagos, as Tempestades e os Titãs.
- Marte ou Ares – filho de Júpiter e de Juno (Hera); da sua união com Vênus nasceu Harmonia. Tornou-se deus da guerra.
- Júpiter ou Zeus – dos deuses, o mais poderoso; é filho de Saturno e Reia, e desposou a ciumenta Juno, sua irmã.
- Saturno ou Cronos – filho de Urano e da Terra, é um dos Titãs. Engoliu os filhos (exceto Júpiter) com medo de perder o trono para um deles.
- Urano – marido da Terra, deus do céu e rei do mundo, foi mutilado pelo filho Saturno, que atendeu ao pedido da Terra.
- Netuno ou Poseidon – deus do mar, filho de Saturno e irmão de Júpiter e de Plutão, casou-se com Anfitrite, deusa do mar.

ATIVIDADES

1 O homem sempre acreditou que a Terra gira ao redor do Sol? Explique.

_____
_____
_____
_____
_____
_____
_____

2 Pesquise a respeito da renúncia ou abjuração de Galileu. Ao contrário de outros, ele agiu certo ao negar tudo para continuar vivo?

_____
_____
_____
_____
_____
_____
_____
_____

3 Durante um acampamento com seus colegas de classe, alguém gritou: "Uma estrela está caindo!". Essa exclamação está correta? Como você explicaria esse fenômeno?

_____
_____
_____
_____
_____
_____

4 Alguns corpos celestes são iluminados, enquanto outros são luminosos. Qual é a diferença entre corpos iluminados e corpos luminosos? Dê exemplos.

_____
_____
_____
_____
_____
_____
_____

5 Observe a tirinha, na qual dois planetas não parecem muito contentes com seu vizinho.

FRANK & ERNEST — BOB THAVES

POR QUE É QUE O MERCÚRIO TEM DIREITO À PISTA LIVRE? ELE É SÓZINHO, E NÓS CARREGAMOS ESTAS LUAS TODAS!

© 2010 United Media-Ipress

Quais os planetas que estão chateados? Acrescente algumas características dos planetas citados na tirinha.

_____
_____
_____
_____
_____
_____
_____
_____
_____

6 Complete a cruzadinha:

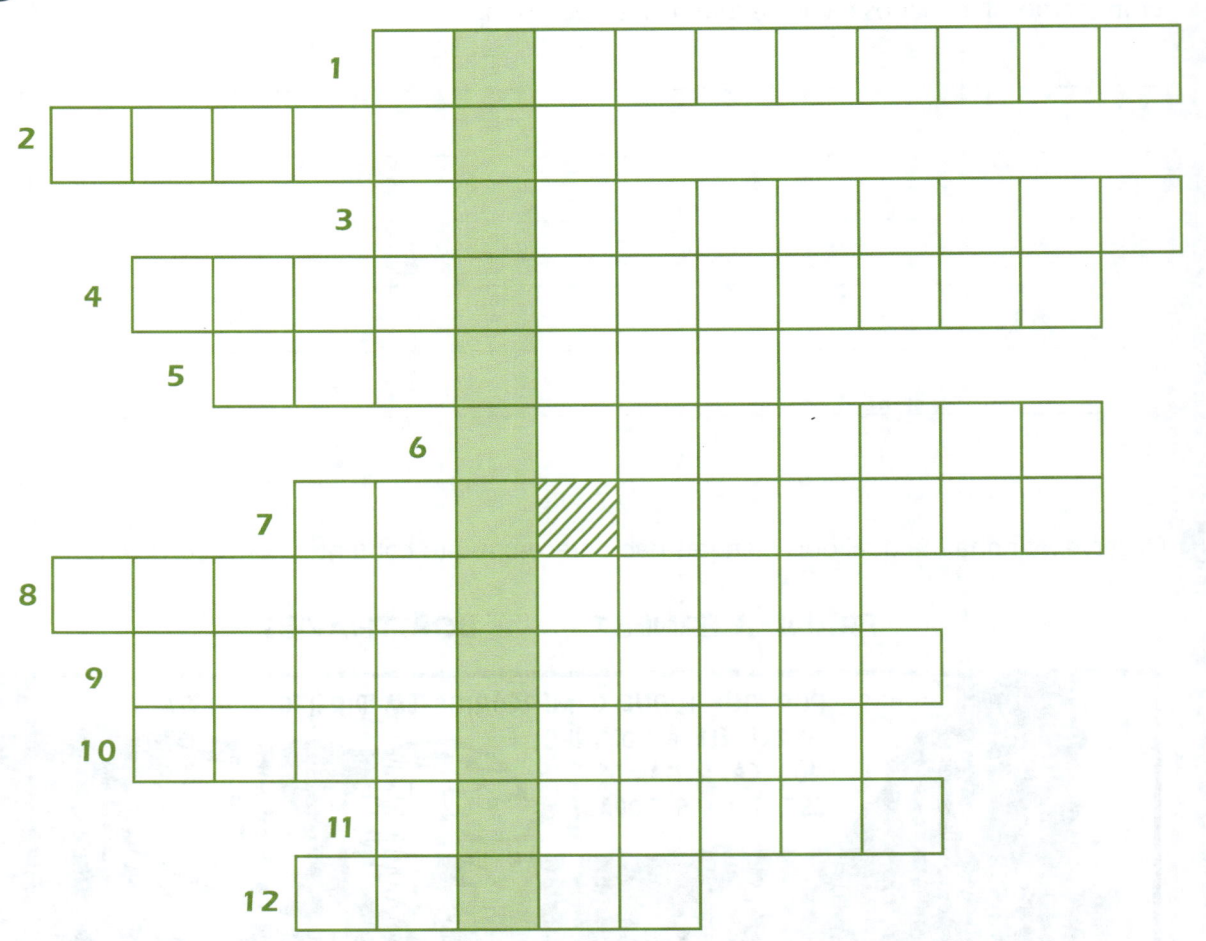

Palavra-chave (vertical): a Terra e mais oito planetas ao redor de uma estrela.

Horizontais:

1. Enormes corpos rochosos e metálicos que vagam no espaço, oferecendo relativo perigo.
2. Conjunto de vários sistemas solares.
3. Estudo dos corpos celestes feito há muito tempo pelo ser humano.
4. Figuras imaginárias obtidas da união dos pontos ocupados por um conjunto de estrelas.
5. Pequeno corpo que se desintegra ao entrar na atmosfera terrestre.
6. O planeta, dos oito, que apresenta as maiores temperaturas em relação ao Sol.
7. A galáxia onde está o nosso sistema solar.
8. Tribunal da Igreja que condenou o sábio Galileu Galilei.
9. Corpos celestes que entram na atmosfera terrestre e não se desintegram totalmente, caindo na Terra.
10. Nuvens de gás e poeira que podem originar estrelas e planetas.
11. Enorme planeta com bonitos anéis gelados de fragmentos rochosos.
12. O misterioso "planeta vermelho".

7 Observe a figura do Sistema Solar, coloque os nomes dos planetas e pinte cada um deles com a cor mais próxima da original.

1 _____   5 _____
2 _____   6 _____
3 _____   7 _____
4 _____   8 _____

8 Leia a tirinha e responda às questões:

a) As estrelas parecem próximas umas das outras. No entanto, elas apresentam grandes distâncias entre si, medidas em anos-luz. Explique o que significa essa unidade de medida.

_____
_____
_____
_____

b) Um dos símbolos nacionais brasileiros é a constelação do Cruzeiro do Sul. O que são constelações?

_____
_____
_____
_____

21

Capítulo 3
O que sobrou do Big Bang

Planeta Terra.

Vista do espaço, a Terra é uma esfera predominantemente azul. A coloração azulada tem a ver com o fato de que a maior parte (71%) da superfície do planeta está coberta pela água dos **oceanos**, cuja composição química lhe dá um tom levemente azulado.

O globo terrestre não é, contudo, perfeitamente esférico, pois seu raio equatorial (6.378 km) é ligeiramente maior que seu raio polar (6.357 km). Diz-se, portanto, que a Terra é um **esferoide**: uma esfera ligeiramente achatada nos polos.

No dia 12 de abril de 1961, o cosmonauta russo Yuri Gagarin (1934-1968) tornou-se o primeiro ser humano a permanecer no espaço, realizando uma volta completa em torno da Terra, para depois descer com sua cápsula num campo russo. Foi ele quem disse a famosa frase: "A Terra é azul".

O predomínio da coloração azulada só não é completo porque é interrompido por regiões exibindo outras colorações, principalmente tons esverdeados, amarronzados ou esbranquiçados. Essas regiões, que juntas ocupam os 29% restantes da superfície do planeta, correspondem às **terras emersas**, que formam os continentes.

A coloração esverdeada indica a presença de algum tipo de cobertura vegetal densa; o tom amarronzado corresponde a solos expostos (áreas de cultivo agrícola, desertos etc.); enquanto o esbranquiçado está associado à presença de geleiras nos polos.

Além disso, o conjunto todo se mostra recoberto por gigantescos redemoinhos esbranquiçados que se movimentam em torno da Terra. Tais redemoinhos são as nuvens, a parcela visível de um gigantesco oceano de gases e as partículas que formam a atmosfera do planeta.

As porções da Terra

Na superfície do nosso planeta, podemos identificar quatro grandes "esferas":

Litosfera (do grego *lithos* = pedra)

Camada sólida e mais externa do globo. Apresenta-se coberta, em boa parte, pela água dos mares. Uma, de quatro partes, não está sob a água dos oceanos; aí vivem as espécies terrestres.

Hidrosfera (do grego *hydro* = água)

Porção líquida e mais volumosa, formada principalmente por água salgada. Se na litosfera os organismos retiram do ar o oxigênio de que necessitam para a respiração, na água doce e nos mares o oxigênio usado para respirar está dissolvido na água.

Atmosfera (do grego *atmos* = vapor)

Espessa camada de gases que envolve a Terra, na qual também encontramos vapor de água e diferentes tipos de partículas em suspensão, inclusive poluentes.

Apesar de a maior parte dos seres vivos utilizar o oxigênio na respiração, 78% da atmosfera corresponde ao nitrogênio, elemento importante na composição das proteínas.

Biosfera (do grego *bios* = vida)

Parte mais externa da litosfera, envolta pela atmosfera, ou coberta pela água. É a região onde existe qualquer forma de vida, desde a maior altitude conhecida pelo homem, 8.848 metros no monte Everest (Nepal), até as maiores profundidades oceânicas, como as fossas Marianas nas Filipinas, no oceano Pacífico.

Nessa faixa, que alcança até 20 quilômetros de espessura e oferece condições de vida, é onde encontramos todos os ecossistemas e habitats que abrigam incríveis formas de vida.

Por fora e por dentro

Não sendo possível examinar diretamente o interior do planeta, nem mesmo enviar expedições até lá, o que sabemos sobre a composição, estrutura e dinâmica do interior do globo terrestre depende de dados obtidos por vias indiretas, sobretudo as erupções vulcânicas e o estudo dos abalos sísmicos (terremotos).

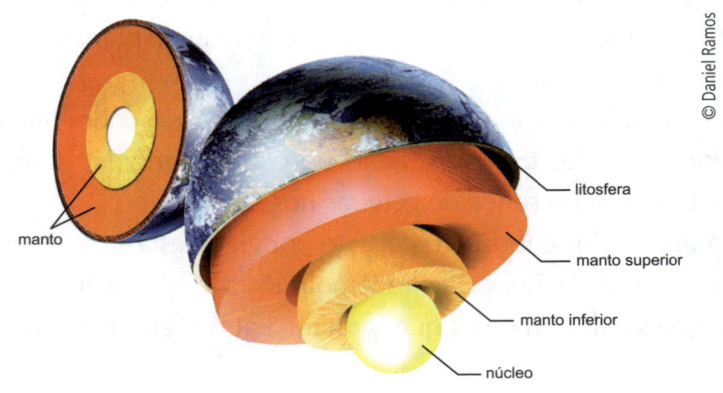

As camadas da Terra.

Litosfera

Casca ou crosta terrestre, com 40 quilômetros de espessura, em média, cuja maior parte é coberta por água salgada.

A litosfera é formada por várias placas gigantescas, as placas tectônicas, as quais ficam apoiadas sobre o manto. Tais placas formam os continentes.

Manto (ou pirosfera)

Camada com 3 mil quilômetros de espessura ou profundidade, é dividida em manto superior ou externo e inferior ou interno.

O manto é formado por um material pastoso, o magma, cuja temperatura passa dos 3.000 °C, e quando expulso pelos vulcões é chamado lava.

Núcleo (ou barisfera)

Corresponde à parte mais interna e esférica, formada por ferro e níquel, com temperaturas que alcançam até 6.000 °C.

A Pangeia

Há dezenas de milhões de anos, os atuais continentes formavam uma única e inteiriça massa de terras, a Pangeia, um continente único e gigantesco, cercado por um enorme oceano.

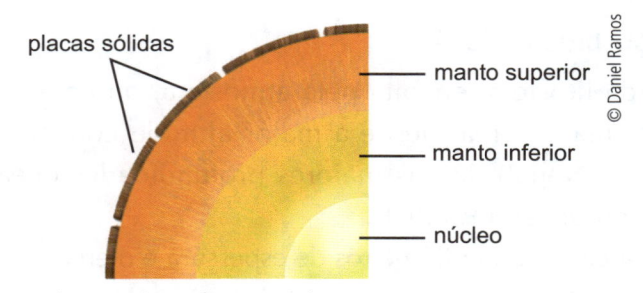

As placas tectônicas ficam apoiadas no manto.

Segundo os pesquisadores que defendem a teoria da deriva continental, as placas tectônicas que flutuam no magma pastoso foram se afastando e formando, milhões de anos depois, os continentes que conhecemos hoje.

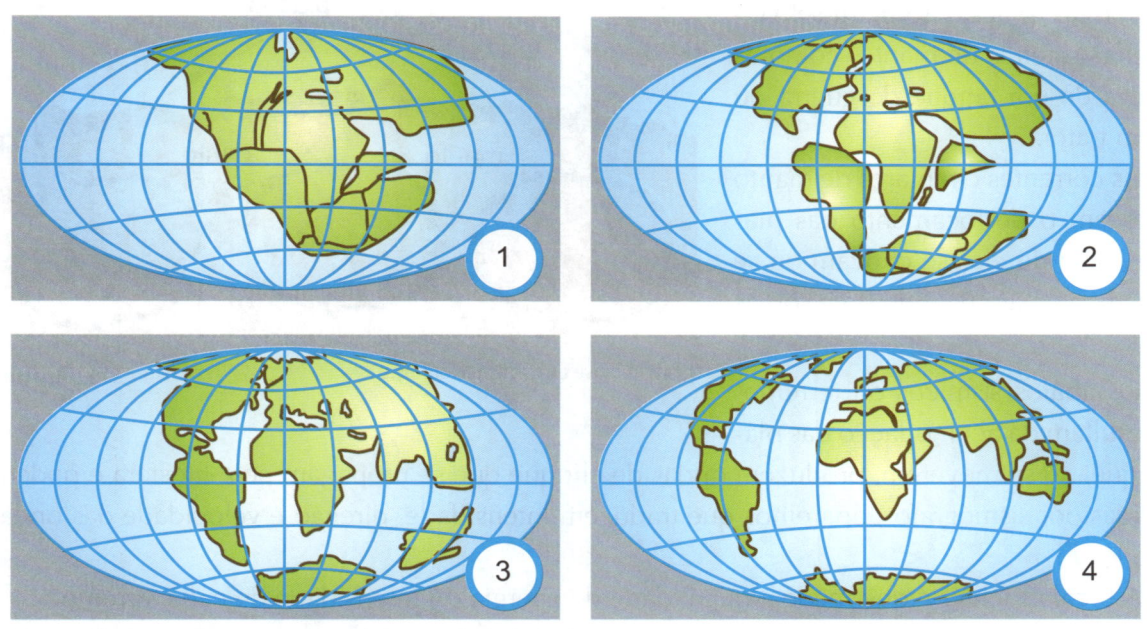

A separação dos continentes representada na sequência de 1 a 4.

Os movimentos das placas continuam; entretanto, são 2 centímetros por ano, por isso imperceptível aos nossos olhos.

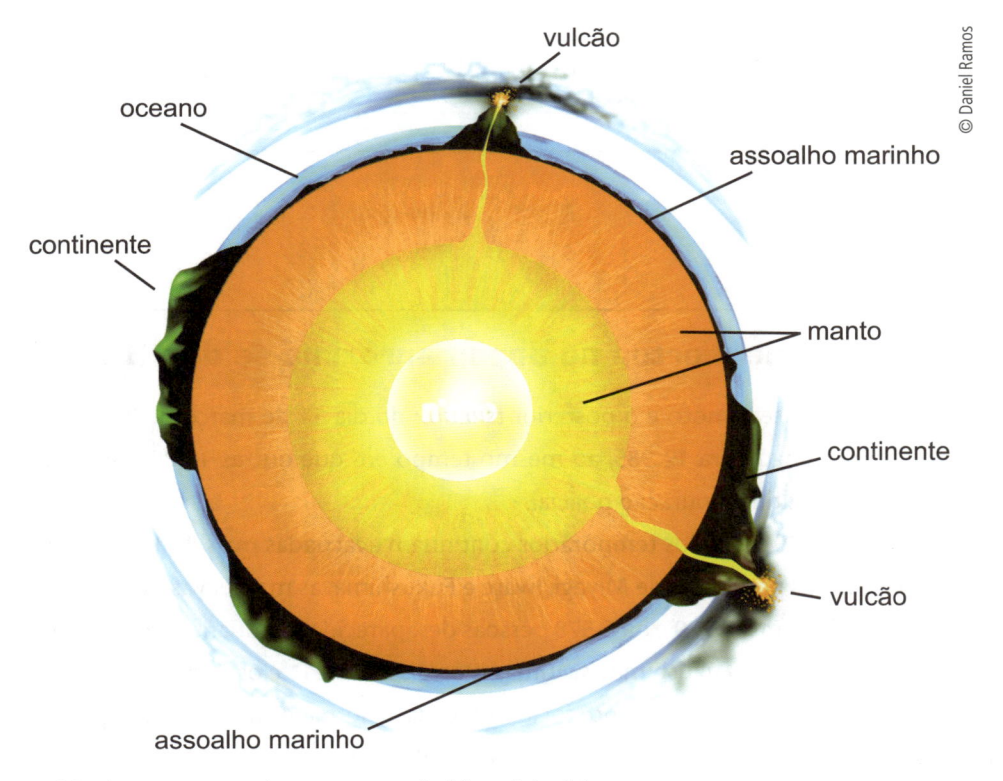

Posição dos oceanos e continentes num provável "corte" do globo terrestre.

25

Terremotos

A parte mais externa do manto superior sofre resfriamento e desce, empurrando para cima um manto mais quente.

Sob as placas, formam-se verdadeiras esteiras de manto, como as esteiras de um tanque de guerra ou de um trator.

As correntes circulares de manto provocam o deslocamento das placas e, quando elas se chocam ou se afastam, acabam ficando uma sob as outras.

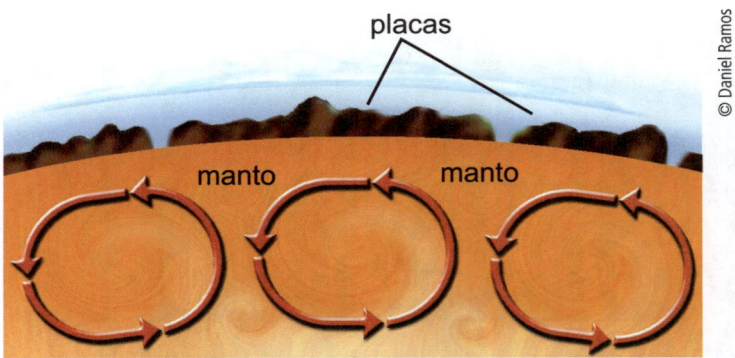

O manto move as placas tectônicas.

Os abalos sísmicos ou terremotos resultam da acomodação das placas, que, ao se moverem, produzem ondas de choque que se propagam pela litosfera e podem ser medidas por sismógrafos, aparelhos que traduzem intensidade, direção e velocidade das ondas de choque.

A Escala Richter é que mede a quantidade de energia ou intensidade de cada terremoto:

Tipo	Intensidade
Mundial	8 ou mais
Grande	7 a 7,9
Destrutivo	6 a 6,9
Danoso leve	5 a 5,9
Leve	4 a 4,9
Geralmente perceptível	3 a 3,9
Perceptível	2 a 2,9

Você sabia?

Número de mortos no Japão aproxima-se de 13 mil

O número de mortos pelo terremoto e o posterior *tsunami* do dia 11 de março de 2011 no nordeste do Japão aumentou no domingo para 12.985, ao mesmo tempo em que outras 14.809 pessoas continuam desaparecidas, segundo a última apuração policial.

Além disso, em mais de 2.300 refúgios temporários continuam evacuadas mais de 153 mil pessoas provenientes em sua maioria das províncias de Miyagi, Iwate e Fukushima, as mais devastadas pela catástrofe.

Em Miyagi, os mortos chegam a 7.929 e há 6.578 pessoas desaparecidas, enquanto em Iwate há 3.783 mortos e 4.804 desaparecidos, e em Fukushima as vítimas mortais são 1.211 e os desaparecidos 3.423.

A maioria dos corpos achados até o momento foi identificada. O jornal *Asahi* informou que mais da metade dos falecidos com identidade confirmada eram maiores de 65 anos.

Nas zonas rurais do nordeste japonês moravam um grande número de idosos, que foram surpreendidos pelo *tsunami* devido às suas dificuldades para se deslocar.

Cidade japonesa atingida por *tsunami*.

A proporção de idosos de 65 anos nas províncias de Fukushima, Miyagi e Iwate ronda os 25%, o que mostra como o desastre tirou a vida da população de mais idade.

Segundo o canal de televisão NHK, o número de mortos poderia aumentar, já que as autoridades locais ainda não puderam calcular o número exato de desaparecidos em algumas zonas afetadas no litoral.

Um terremoto de intensidade 7,9 em Tóquio, no Japão, em 1923, matou 142 mil pessoas e durou apenas 16 segundos. Em 1976, em Tang-shan, na China, um terremoto 8 matou 255 mil pessoas. O terremoto de 11 de março de 2011 foi um dos maiores tremores da história do país. Teve intensidade 8,9.

Disponível em: <http://blogs.estadao.com.br/olhar-sobre-o-mundo/terremoto-no-japao/>. Acesso em:.jul. 2012

Como proceder caso você esteja num local com terremoto

- Não use elevadores ou escadas de edifícios.

- Afaste-se das janelas e dos armários.

- Desligue o gás e a eletricidade de sua casa.

- Fique longe de objetos pesados, que possam cair sobre você.

- Proteja-se sob uma mesa resistente.

- Se estiver na rua ou no campo, não fique próximo de casas ou árvores.

> **Você sabia?**
>
> ### Tsunamis
>
> A palavra *tsunami* foi oferecida ao mundo pelos japoneses. Numa tradução livre, significa "onda de porto" e é usada para designar as ondas gigantes associadas aos abalos sísmicos. As ondas são geradas pelos tremores no fundo do oceano, capazes de deslocar a coluna de água do epicentro para todas as direções. A água se move em alta velocidade e com grande comprimento de onda – como foi o caso da que atingiu o arquipélago japonês após o terremoto do dia 11 de março 2011. À medida que a onda se aproxima da costa, o relevo submarino torna-se mais raso. A onda perde velocidade e ganha altura, com energia suficiente para penetrar por quilômetros nas terras emersas.
>
> **Como se formam os *tsunamis*** 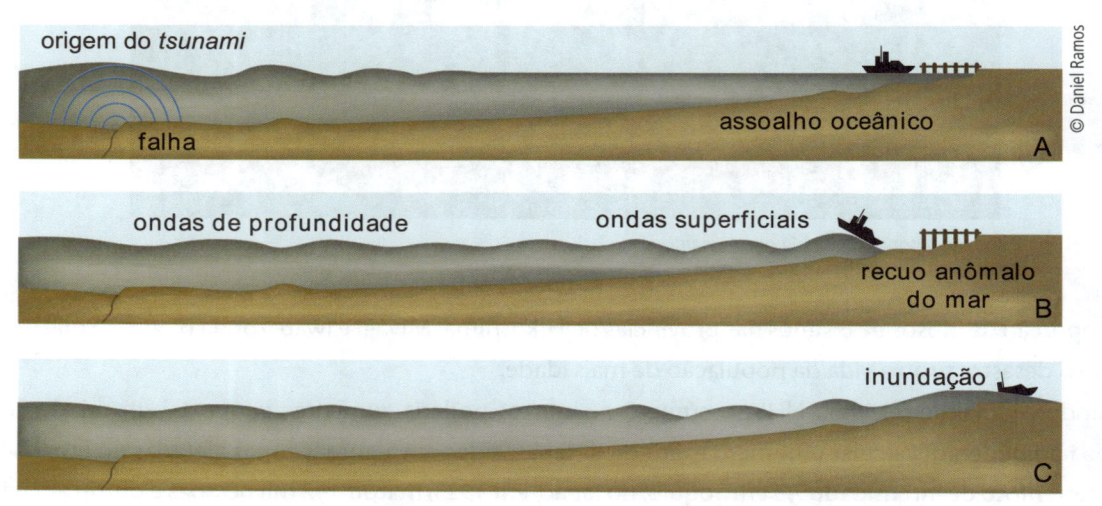
>
> Disponível em: <http://blogs.estadao.com.br/olhar-sobre-o-mundo/terremoto-no-japao/>. Acesso em: jul. 2012.

Vulcões

Quando aumenta a pressão do magma – lembre-se de que as temperaturas são muito altas no interior da Terra –, ele é expelido para a superfície na forma de uma pasta incandescente denominada lava, que se solidifica ao sofrer resfriamento.

Além da lava, o vulcão também expele gases, cinzas, fragmentos de rocha e até vapor de água.

Um dos piores vulcões de que se tem registro foi o de Krakatoa (1883), numa ilha situada entre Sumatra e Java, nas Filipinas. Mais de 35 mil mortos e, o que é pior, a maioria afogados, uma vez que as explosões subterrâneas fizeram a água do mar chegar em ondas gigantescas até as praias, devastando diversas aldeias.

Fontes de água que expelem jatos numa temperatura às vezes acima dos 100 °C são chamadas gêiseres.

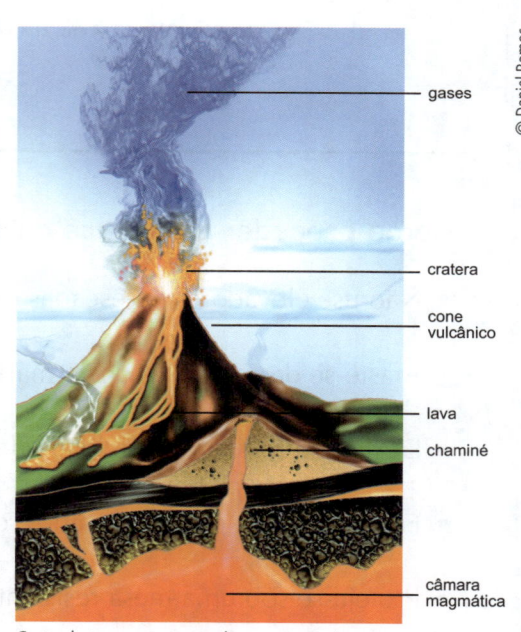

Corte de terreno mostrando a estrutura interna de um vulcão.

Os gêiseres são encontrados em regiões nas quais a atividade vulcânica é recente, como no parque de Yellowstone, nos Estados Unidos, na Islândia e na Nova Zelândia.

O que aquece a água? O magma alcança uma região bem próxima à água subterrânea, que, aquecida, encontra vazão e escapa em jorros.

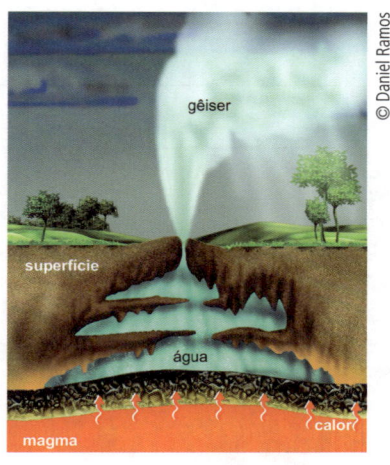

Como o magma aquece a água subterrânea.

Gêiser.

Você sabia?

Cinzas do vulcão chileno já chegaram ao sul do Brasil

Imagem das cinzas do vulcão chileno Puyehue, registrado pelo satélite da Nasa.

Curitiba, 7/6/2011 – O Instituto Nacional de Meteorologia (Inmet) constatou a presença de cinzas do vulcão chileno Puyehue nas regiões oeste, centro e sul do Rio Grande do Sul e no oeste de Santa Catarina. "Chove muito nessas regiões e as cinzas se misturam com a forte nebulosidade, tornando-se quase imperceptíveis", disse à *Agência Brasil* o meteorologista Flávio Varone, do 8º Distrito do Inmet, em Porto Alegre.

Segundo Varone, à medida que a nebulosidade se afasta em direção ao mar, movimento previsto para as próximas horas, as nuvens de cinzas também tendem a desaparecer. Uma massa de ar frio chegará à região sul na noite de hoje (7) trazendo geadas e temperaturas negativas no Rio Grande do Sul, Paraná e em Santa Catarina.

O professor de geologia da Universidade Federal do Paraná, Luiz Eduardo Mantovani, acredita que as cinzas devem atingir também o Paraná, mas, segundo ele, o teor de sílica (mineral presente nas cinzas vulcânicas) é insignificante, não trazendo nenhum risco à população.

As cinzas do vulcão Puyehue, que fica no sul do Chile, atingem também a Argentina e o Uruguai. O vulcão entrou em erupção no último sábado (4).

Disponível em:: <http://agenciabrasil.ebc.com.br/noticia/2011-06-07/cinzas-do-vulcao-chileno-ja-chegaram-ao-sul-do-brasil>. Acesso em: jul. 2012

ATIVIDADES

1 Quais são as esferas que formam o planeta?

_____
_____
_____

2 Explique a dificuldade para estudar o interior da Terra.

_____
_____
_____
_____

3 Observe as figuras ao lado e responda:

a) Essas figuras representam uma teoria que diz que todos os continentes eram um só milhões de anos atrás. Como se chama essa teoria?

_____
_____
_____

PÉRMICO
225 milhões de anos AP

TRIÁSSICO
209 milhões de anos AP

JURÁSSICO
135 milhões de anos AP

CRETÁCEO
65 milhões de anos AP

PRESENTE

b) Qual é o nome do continente único que deu origem aos outros continentes?

_____
_____
_____

4 Procure estabelecer uma relação entre terremotos e vulcões.

_____
_____
_____
_____
_____

5 Como a água das fontes termais ou gêiseres é aquecida?

_____

_____

_____

6 Observe a imagem e responda.

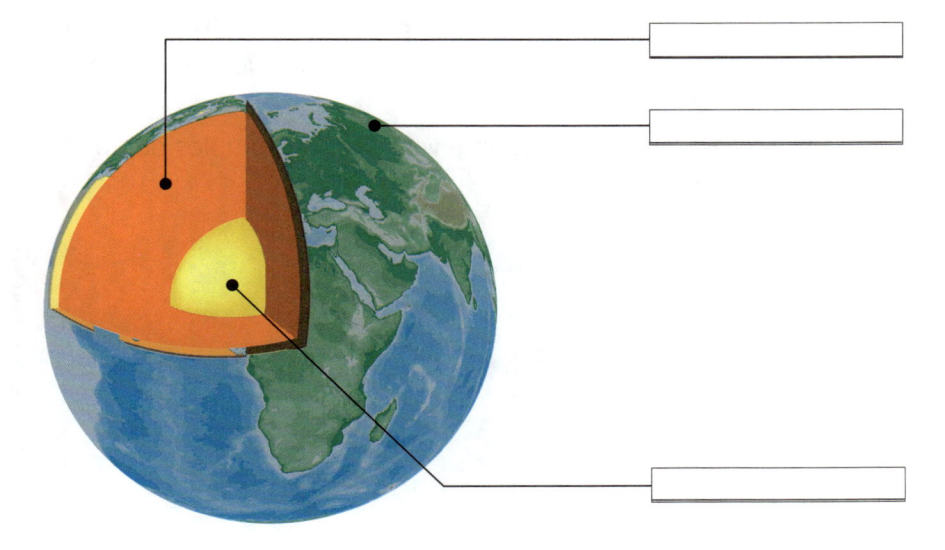

a) Identifique as camadas que estão sendo representadas.

_____

_____

b) Qual é a camada cujo material forma a lava dos vulcões?

_____

7 Um aluno do 6º ano, durante o primeiro dia de suas férias, viajou com os seus pais, de avião, para uma belíssima praia brasileira. Nesse mesmo dia, praticaram mergulho e, ao anoitecer, caminharam em uma trilha ecológica bastante conhecida na cidade onde estavam hospedados. Pode-se afirmar que nesse dia esse garoto passeou, respectivamente, por partes da:

a) hidrosfera, atmosfera e litosfera.

b) atmosfera, litosfera e hidrosfera.

c) litosfera, atmosfera e hidrosfera.

d) litosfera, hidrosfera e atmosfera.

e) atmosfera, hidrosfera e litosfera.

31

Capítulo 4

A MÁTERIA

Observando o mundo que nos cerca, percebemos que estamos rodeados por uma enorme variedade de objetos materiais, vivos ou inanimados. Todos esses objetos são feitos de átomos.

Observe a imagem a seguir e veja alguns exemplos de objetos materiais presentes na paisagem.

©Eric Gevaert – Dreamstime

Tudo que tocamos é constituído de matéria. Muitas coisas invisíveis ou nas quais nós não podemos tocar também são feitas de matéria. É o caso do ar atmosférico.

Mas o que é matéria? Matéria é tudo aquilo que é formado de átomos. O que equivale a dizer que matéria é tudo aquilo que possui massa e ocupa lugar no espaço. A quantidade de espaço ocupada por um corpo material corresponde ao seu volume. Um lápis, por exemplo, ocupa uma determinada quantidade de espaço dentro do estojo, a qual corresponde ao seu volume.

Todos os objetos são formados por matéria; portanto, possuem massa e ocupam lugar no espaço.

O termo "átomo", que literalmente significa "indivisível", foi originalmente usado pelos filósofos gregos, há mais de dois mil anos. A existência de tantos corpos materiais na natureza se deve à capacidade que os diferentes tipos de átomos (elementos) têm de se manterem unidos entre si, formando determinadas ligações químicas, algumas das quais são firmes e duradouras, enquanto outras são frouxas e temporárias.

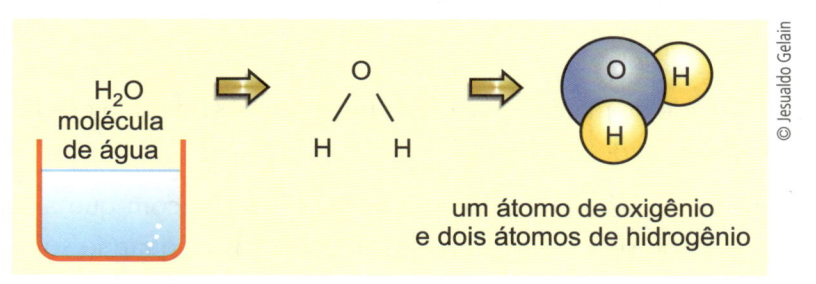

A fórmula da molécula ou fórmula molecular da água é H_2O. À direita, uma interpretação da disposição desses átomos no espaço.

Você sabia?

Nanotecnologia

O físico americano ganhador do Prêmio Nobel de Física Richard Feynman (1918-1988) apresentou seu projeto para uma nova pesquisa numa palestra para a Sociedade Americana de Física em 1959. O estudo era baseado na possibilidade de poder organizar os átomos da maneira que desejarmos. Essa ideia era muito avançada para a época. Porém, após trinta anos, a ideia de Feynman toma forma na nanotecnologia.

Nanotecnologia é uma ciência relacionada à manipulação da matéria ao nível molecular, visando a criação de novos materiais, substâncias e produtos, com uma precisão de átomo a átomo.

Em grego, "nano" significa anão. Os cientistas usam nano como uma medida de algo que requer o uso de microscópios especiais para visualizá-lo. Um nanômetro (nm) equivale a um bilionésimo de metro.

A nanotecnologia hoje é utilizada em:

33

- tecidos resistentes a manchas e que não amassam;
- raquetes e bolas de tênis;
- filtros de proteção solar;
- tratamento tópico de herpes e fungos;
- nanocola, capaz de unir qualquer material a outro;
- pó antibactéria;
- diversas aplicações na medicina como cateteres, válvulas cardíacas, marca-passos, implantes ortopédicos;
- produtos para limpar materiais tóxicos;
- produtos cosméticos;
- sistemas de filtração do ar e da água;
- microprocessadores e equipamentos eletrônicos em geral.

Propriedades gerais da matéria

São encontradas em todos os materiais, mas não conseguimos, por meio delas, distinguir uma matéria da outra.

- Massa: é a quantidade de matéria que existe num corpo. Um quilo de chumbo possui a mesma massa que um quilo de algodão.

Convém saber que massa é diferente de peso. Este é a força com que a Terra atrai os corpos próximos à sua superfície, ou seja, a força da gravidade. Por isso, quando soltamos um objeto ele cai, pois é atraído pela força gravitacional da Terra, que varia em função da massa do corpo e da distância que ele se encontra da Terra.

- Extensão: capacidade da matéria de ocupar um certo espaço, o seu volume, que é a medida indireta da sua extensão.

- Impenetrabilidade: corpos diferentes não podem ocupar o mesmo espaço ao mesmo tempo.

- Compressibilidade: quando submetida a pressões, a matéria é capaz de ter seu volume reduzido.

- Elasticidade: terminada a pressão exercida sobre um corpo, a matéria da qual ele é formado readquire o volume original. Por exemplo, quando apertamos uma bola e ela volta ao volume original um tempo depois.

- Divisibilidade: possibilidade de quebrarmos a matéria em pedaços cada vez menores, sem que ela perca suas características e propriedades específicas.

A menor porção da matéria que ainda apresenta as mesmas características do todo é a molécula. Se separarmos os componentes de uma molécula de água, por exemplo, os dois átomos de hidrogênio separados do átomo de oxigênio, as propriedades da água deixam de existir, inclusive sabor, cor, odor etc.

Os elementos químicos

Todos os átomos são formados por três tipos de partículas: **prótons**, **nêutrons** e **elétrons**. Prótons e nêutrons têm massas equivalentes, mas diferem em carga elétrica: os primeiros têm carga positiva, os nêutrons são desprovidos de carga. Elétrons têm carga negativa, mas a sua massa é desprezível.

De acordo com o modelo atômico atual, os átomos possuem uma região maciça central, o **núcleo** (formado apenas de prótons e nêutrons), em torno da qual orbitam os elétrons. A região ocupada pelos elétrons é chamada **eletrosfera**.

A característica mais fundamental de um átomo é o número de prótons que ele abriga em seu núcleo. Esse número, representado pela letra Z, é referido como **número atômico**. Todos os átomos existentes no Universo que têm o mesmo número atômico pertencem, por definição, ao mesmo elemento químico. Em outras palavras, um elemento químico é o conjunto de todos os átomos existentes no Universo que possuem o mesmo número de prótons.

Exceto o hidrogênio, os elementos químicos são separados em quatro grupos:

Grupos	Exemplos
Metais	Ferro, ouro, prata, chumbo, mercúrio etc.
Semimetais	Boro, silício, antimônio etc.
Ametais	Carbono, nitrogênio, oxigênio, flúor etc.
Gases nobres	Hélio, neônio, argônio etc.

Os metais compreendem quase 80% dos elementos químicos e geralmente são sólidos no meio ambiente, além de conduzirem muito bem o calor e a corrente elétrica.

Os não metais no ambiente podem ser sólidos, líquidos ou gasosos e quase sempre são maus condutores de calor e corrente elétrica.

Semimetais são sólidos no meio ambiente, ao contrário dos gases nobres.

Os elementos químicos são representados por símbolos, geralmente, pela inicial maiúscula do nome em latim do elemento, às vezes seguida de outra letra.

Plumbum é o nome do chumbo e seu símbolo é Pb. *Aurum*, em latim, significa ouro, representado por Au. *Argentum* é a prata, simbolizada por Ag.

Os símbolos dos elementos químicos são universais, podemos reonhecê-los independentemente do idioma no qual estudamos ou escrevemos sobre o assunto.

Alguns símbolos dos elementos:

Hidrogênio.......H	Cálcio.......Ca	Fluor.......F
Carbono.......C	Cloro.......Cl	Magnésio.......Mg
Oxigênio.......O	Sódio (*natrium*).......Na	Potássio.......K
Nitrogênio.......N	Enxofre (*sulfur*).......S	Ferro.......Fe

ATIVIDADES

1) Como podemos definir massa?
_____
_____

2) a) Qual é a diferença entre massa e peso?
_____
_____
_____

b) Dois corpos de mesmo volume podem ter pesos diferentes?
_____
_____
_____

3) O que é volume de um corpo?
_____
_____

4) Como podemos definir divisibilidade?
_____
_____

5) O que é elasticidade?
_____
_____
_____

6) Como podemos relacionar átomo, molécula e elemento químico?
_____
_____
_____

Capítulo 5
Os estados físicos da matéria

Região da Patagônia, na Argentina.

A imagem acima mostra a água de três modos diferentes: nos estados líquido, sólido e gasoso.

Os três estados físicos da água podem ser estendidos para qualquer matéria. A existência desses três estados é condicionada pela característica das moléculas que formam os materiais. Todo estado físico de uma substância sofre variação conforme a temperatura, que permite maior ou menor vibração de suas moléculas.

No estado sólido, as moléculas vibram pouco e permanecem muito próximas; já no estado líquido, as moléculas vibram mais e soltam-se um pouco umas das outras; no estado gasoso, elas vibram a ponto de se separarem tanto que acabam ocupando todo o espaço disponível.

- Estado sólido – volume e forma constantes.
- Estado líquido – volume constante, forma variável.

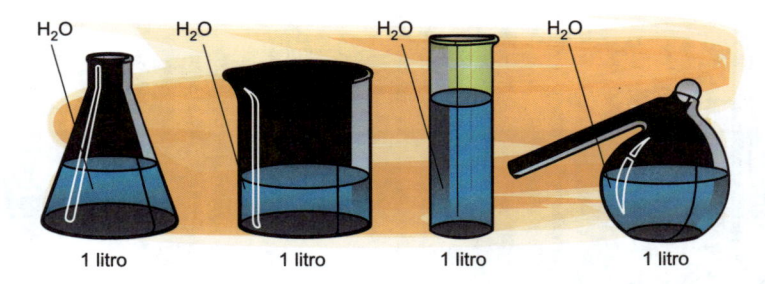

- Estado gasoso – volume e forma variáveis.

A temperatura influi no grau de vibração das moléculas de um corpo. Portanto, fornecendo mais calor às moléculas de um corpo, elas vibrarão mais e provavelmente se separarão. Se, ao contrário, as temperaturas forem menores, as moléculas permanecerão mais unidas.

Por isso, o grau de união das moléculas pode mudar segundo a temperatura, isto é, os estados físicos da matéria geralmente são reversíveis, ou seja, podem passar de um para o outro.

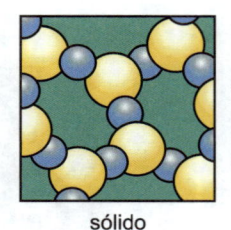

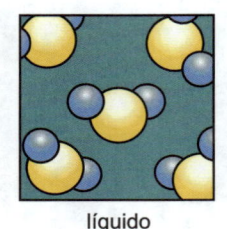

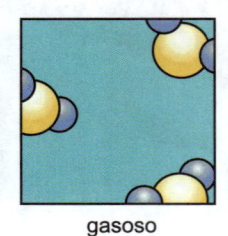

Os três estados físicos da água são determinados pelo estado de agregação de suas moléculas.

Denominamos fenômeno físico aquele que ocorre sem mudança na composição da matéria. Por exemplo, quando aquecemos a água ou quando um cubo de gelo derrete, de qualquer modo, estamos sempre trabalhando com água.

O fenômeno químico promove a transformação da matéria, como na respiração das nossas células, em que o açúcar (glicose) é "desmontado" e dele é obtida a energia para o trabalho celular, além de gás carbônico e água.

As mudanças de estados são:

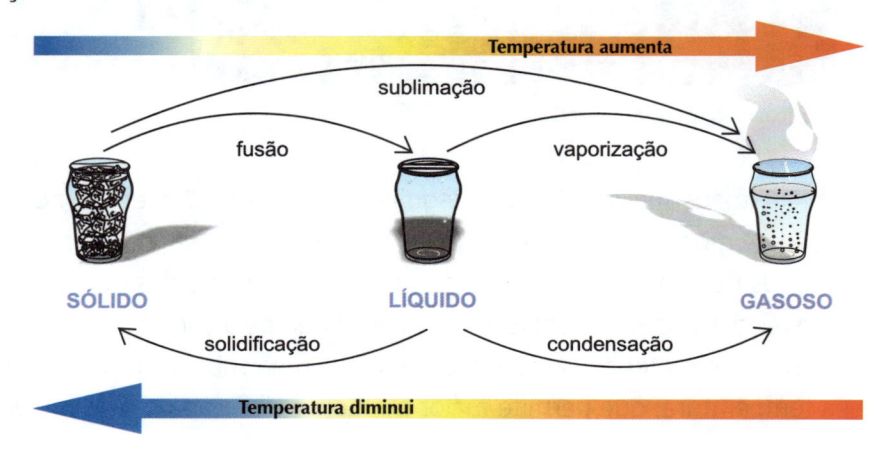

38

Quando a vaporização na superfície dos líquidos é lenta, independentemente da temperatura, ocorre evaporação. Se ocorrer a formação de bolhas em massa líquida, as quais arrebentam na superfície, a vaporização é bem mais rápida e denomina-se ebulição.

Reduzindo bastante a temperatura, é possível alterar o estado físico até de gases que compõem a atmosfera.

Resfriado fortemente, o nitrogênio gasoso torna-se líquido e, com cuidados muito especiais, é usado em laboratórios de pesquisa.

O dióxido de carbono congelado é o gelo seco, usado na conservação de alimentos, como sorvetes, e que chega a provocar queimaduras em nossa pele.

O gelo seco não derrete, ele "desaparece" porque passa para o estado gasoso sem passar pelo estado líquido. É que o dióxido de carbono congelado se funde numa temperatura igual à de sua ebulição, como se ele se fundisse e vaporizasse ao mesmo tempo.

Essa passagem do estado sólido diretamente para o estado gasoso é a sublimação. Outro exemplo é a cânfora, substância cristalina de origem vegetal, ou sintética, de uso medicinal.

Vale lembrar que os dois pontos fixos que Celsius utilizou para o seu termômetro foram a temperatura na qual a água começa a derreter (ponto de fusão), ou 0 °C, e a temperatura na qual a água começa a ferver (ponto de ebulição), ou 100 °C.

> **Você sabia?**
>
> Gotas de um líquido (água, por exemplo), ao encontrarem uma superfície cuja temperatura está bem acima dos 100 °C, sofrem uma vaporização muito brusca chamada calefação.

Energia, calor e temperatura

Não é muito fácil definir energia. Ao pronunciar essa palavra lembramos de força, resistência etc. Mas existem muitos tipos de energia.

A luz que utilizamos em nossas casas, os aparelhos eletrônicos etc. necessitam de uma forma de energia, a elétrica. Um automóvel de corrida e um caça a jato se deslocam por causa de outro tipo de energia, a de movimento. Ao fazermos café, aquecemos a água com a energia térmica. Esses são apenas alguns tipos de energia.

Uma certa quantidade de matéria é denominada corpo, e suas moléculas apresentam uma determinada vibração, fato que não conseguimos ver. E é da vibração das moléculas de um corpo que resulta seu calor, a sua energia térmica.

Podemos dizer que quanto maior a vibração das moléculas de um corpo, maior será seu aquecimento (mais calor); quanto menor a vibração de suas moléculas, menor será seu aquecimento (menos calor).

Quando aquecemos a água, passamos energia térmica para suas moléculas, isto é, passamos calor. Isso só ocorre entre dois corpos se a temperatura de ambos for diferente.

Essa energia que passa de um corpo para outro é o calor. A energia térmica é estudada pela termologia, uma das partes que compõem a Física.

Medindo o grau de vibração das moléculas de um corpo, conhecemos sua temperatura.

O termômetro

Uma das formas de avaliar a temperatura de um corpo é por meio dos termômetros.

São instrumentos formados por um tubo fechado de vidro, graduado e percorrido por uma substância termométrica que percorre um finíssimo canal interno chamado capilar.

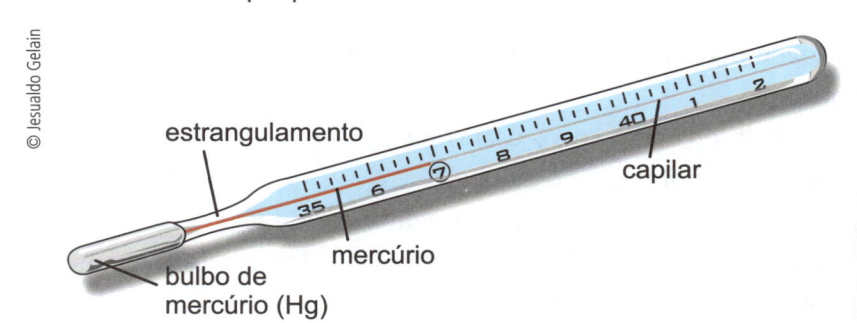

O termômetro clínico geralmente é graduado de 35 a 42 graus Celsius. O estrangulamento não deixa a coluna de mercúrio voltar facilmente para o bulbo.

A substância termométrica, geralmente mercúrio metálico ou álcool colorido, ao ser exposta ao calor, sofre dilatação e, percorrendo o capilar, alcança certo ponto, acusando a temperatura.

Do mesmo modo que existem diferentes tipos de termômetros, também existem vários tipos de escala graduada. Nós e outros países usamos uma graduação criada pelo sueco Anders Celsius (1701-1744).

Você sabia?

O termômetro de mercúrio, um metal líquido, foi inventado em 1714 por Gabriel Daniel Fahrenheit (1686–1736) enquanto a escala Celsius ou escala de centígrados foi criada em 1741 por Anders Celsius (1701–1744) e ela compreende o intervalo entre 0 °C e 100 °C, as temperaturas de congelamento e de fervura (ebulição) da água.

O termômetro de mercúrio foi usado pela primeira vez em medicina no ano de 1866.

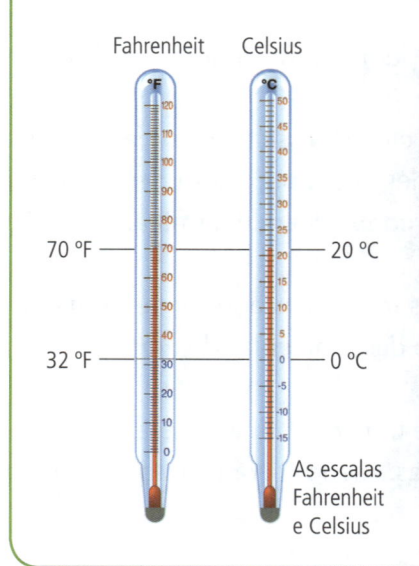

As escalas Fahrenheit e Celsius

Anders Celsius.

Gabriel Fahrenheit.

Nessa escala, zero grau ou 0 °C (zero grau Celsius) corresponde à temperatura na qual o gelo começa a derreter em condições ambientes e 100 °C (cem graus Celsius) equivalem à temperatura na qual a água começa a ferver, ao nível do mar.

Quando usamos o termômetro para medir a temperatura de uma pessoa e, após alguns minutos, verificamos que ele acusa 38 °C, por exemplo, devemos interpretar que houve uma transferência de calor do corpo mais quente para o mais frio, até que a pessoa e o termômetro acusem a mesma temperatura, isto é, atinjam o equilíbrio térmico.

Calor é a energia térmica que, ao passar de um corpo para outro, provoca mudança de temperatura. Tal mudança pode ser medida por um termômetro.

Pressão atmosférica

Resulta da força que os componentes do ar exercem sobre todos os corpos.

À medida que ganhamos altitude, a pressão atmosférica diminui. Se ao nível do mar o ponto de ebulição da água é 100 °C, na altitude, como a pressão diminui, o ponto de ebulição também é menor, uma vez que é mais fácil para as moléculas de água vaporizarem, soltando-se da superfície.

Ao nível do mar, a coluna de ar atmosférico é maior do que nas altitudes.

Propagação de calor

O calor, que é uma das formas de energia, passa de um corpo para outro por condução, convecção e irradiação.

- Condução: o calor vai passando de molécula a molécula, até aquecer o corpo todo.

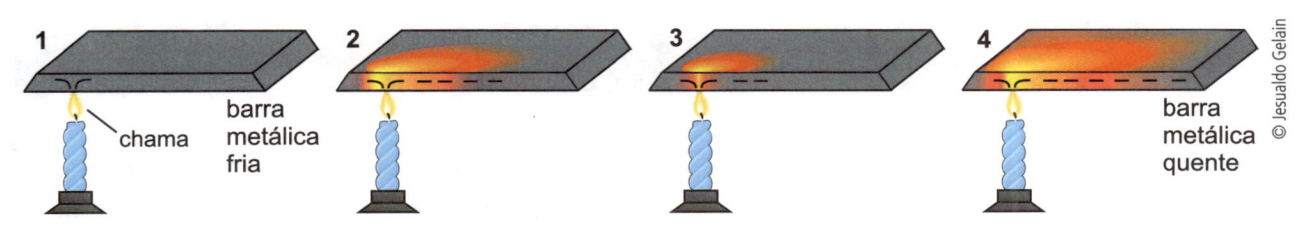

Condução de calor numa barra metálica, do ponto de maior para o ponto de menor temperatura.

Alguns corpos são ótimos condutores de calor, como, os metais, enquanto outros, submetidos às mesmas temperaturas, não conduzem tão bem o calor. É o caso de materiais denominados isolantes térmicos, como a cortiça, o amianto e outros. Por isso, evitamos que os cabos das panelas sejam metálicos também.

- Convecção: é a propagação do calor nos líquidos e gases. Na condução, átomos e moléculas não saem do lugar, só o calor passa de um lugar para o outro. Na convecção, as moléculas de líquidos e gases sofrem deslocamento.

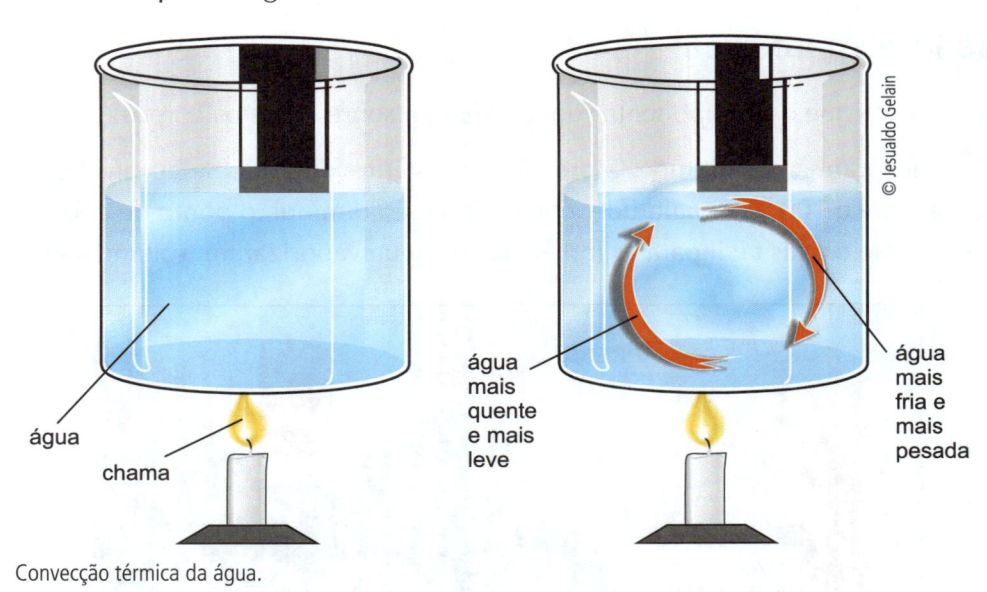

Convecção térmica da água.

- Irradiação: o calor que parte do Sol, por exemplo, atravessa todas as camadas da atmosfera e atinge a superfície terrestre. Claro que a radiação solar é útil para nós, para o processo de fotossíntese, por exemplo, que permite aos vegetais clorofilados produzirem açúcar a partir da água, sais minerais e dióxido de carbono (CO_2).

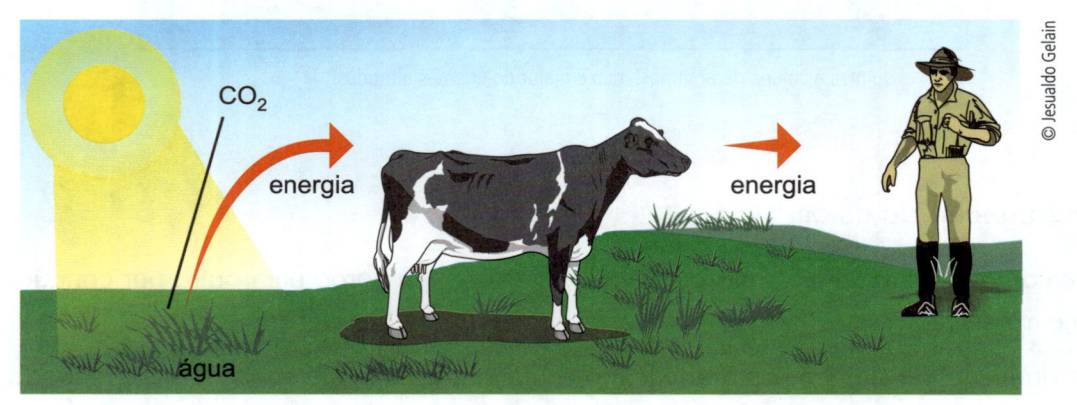

Cada bife representa parte da energia radiante do Sol armazenada pelo capim quando ele realiza a fotossíntese, numa cadeia alimentar muito simples.

Quando nos aquecemos perto de uma fogueira, o calor chega até nós por irradiação, por meio de ondas especiais.

Ao absorver essa energia radiante, nosso corpo se aquece, e ao reemitir a energia, ele se resfria.

Algumas cores absorvem mais energia do que outras, como é o caso das escuras. Cores claras refletem mais a energia radiante.

Você sabia?

A garrafa térmica pode ser novamente explorada, apesar de não ser um sistema perfeito, isto é, não trocar calor com o meio externo. O vidro é um mau condutor de calor, assim, não há propagação de calor por convecção. Entre as paredes há um quase vácuo, que impede a condução do calor. Como as paredes de vidro são espelhadas, refletem a energia impedindo a troca de calor com o exterior por irradiação.

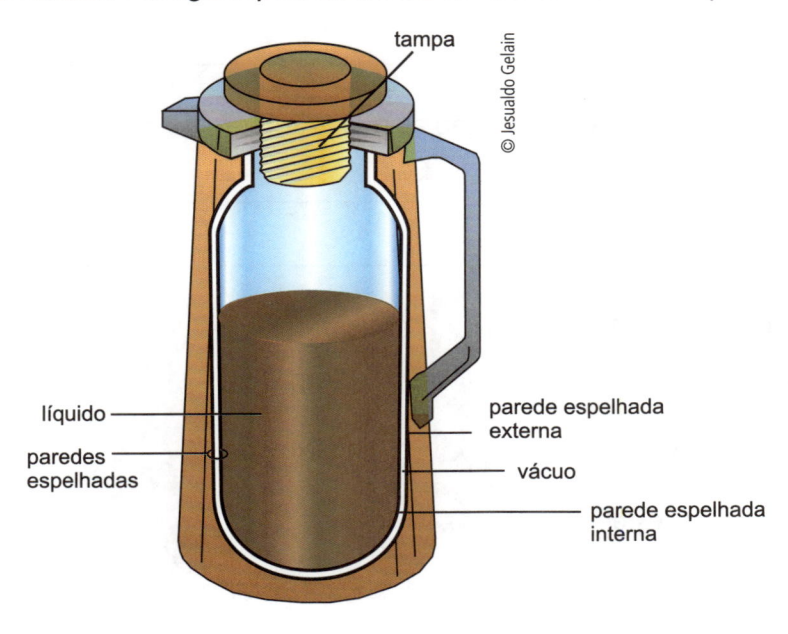

ATIVIDADES

1 O congelamento da água é um fenômeno físico ou químico? Justifique.

_____

_____

_____

2 Explique por que é possível pescar nos lagos e rios congelados no inverno.

_____

_____

_____

_____

43

3 Qual é a diferença entre evaporação, ebulição e calefação?

4 Dê dois outros exemplos de sublimação além da cânfora.

5 a) Em grandes altitudes a água ferve:

( ) acima de 100 °C ( ) a 100 °C

( ) abaixo de 100 °C ( ) abaixo de 0 °C

b) Justifique sua resposta.

6 Por que a cortiça e o amianto não são bons condutores de calor?

7 Explique por que o congelador deve estar na parte superior da geladeira.

8 Dê três exemplos de energia.

9 Qual é a diferença entre calor e temperatura?

10 Por que usamos o mercúrio como substância termométrica?

11 A lã é considerada um isolante térmico, material usado na fabricação de casacos, blusas, xales, cachecóis.

Podemos dizer que a lã aquece nosso corpo? Justifique.

12 Explique como o termômetro acusa a temperatura do nosso corpo.

45

13 Uma pessoa está numa sala à temperatura de 20 °C e outra numa sala à temperatura de 35° C. Ambas vestem roupas leves, exatamente iguais. Depois de algum tempo, as duas pessoas entram numa mesma sala que está a 28 °C. Qual é a sensação que cada uma deve ter? Por quê?

_____
_____
_____
_____
_____
_____
_____
_____

14 A concentração de ozônio e demais gases ou substâncias poluentes na baixa atmosfera se dá quando ocorre inversão térmica. Durante invernos muito secos, uma camada de ar mais frio impede o deslocamento de camadas de ar próximas da superfície terrestre, onde ficam retidos os gases poluentes. Na sua opinião, quais as medidas que devem ser tomadas para evitar a inversão térmica?

_____
_____
_____
_____
_____
_____
_____
_____
_____

Capítulo 6
OS ELEMENTOS QUÍMICOS E AS SUBSTÂNCIAS

Em 6 de agosto de 1945, já com a Segunda Guerra Mundial praticamente encerrada, uma primeira bomba atômica foi lançada pelos Estados Unidos sobre a cidade japonesa de Hiroshima. Cerca de cem mil pessoas morreram na hora, muitas outras tiveram problemas de saúde pelo resto de suas vidas. Dias depois, uma segunda bomba atômica foi lançada sobre a cidade de Nagasaki. Setenta mil pessoas morreram na hora e muitos dos sobreviventes passaram a enfrentar problemas de saúde, como em Hiroshima.

Uma bomba atômica é um artefato de destruição em massa duplamente terrível. Primeiro, pela enorme quantidade de calor que libera – os que recebem o impacto mais de perto são literalmente vaporizados. Segundo, pelos efeitos danosos que a radiação liberada tem sobre organismos vivos – a radiação foi responsável pelos graves problemas de saúde (vários tipos de câncer, por exemplo) que afetaram os sobreviventes em Hiroshima e Nagasaki.

Atualmente, são nove os países do mundo que possuem arsenal atômico: Estados Unidos, Reino Unido, França, Federação Russa, China, Israel, Paquistão, Índia e Coreia do Norte. Esse acúmulo de armamentos seria capaz de destruir muitas vezes o nosso planeta.

Dois dos países citados detêm juntos 95% do arsenal atômico mundial e assinaram um acordo para reduzir, até o ano de 2012, de seis mil para pouco mais de duas mil o número de suas ogivas atômicas.

Substâncias

Como vimos antes, há uma distinção importante entre "átomos" e "moléculas", de modo que não devemos confundir esses dois termos. Quando falamos em elementos químicos, pensamos em diferentes tipos átomos. Há um número limitado de elementos químicos (pouco mais de 100, dos quais uns 90 são encontrados na natureza).

Dois ou mais átomos podem combinar entre si, dando origem a diferentes tipos de agregados (moléculas). Embora existam apenas uns 100 elementos químicos, o número de moléculas conhecidas é gigantesco – alguns milhões. Como isso é possível? Não é difícil responder: os átomos podem se combinar de vários modos e em quantidades tremendamente variadas, o que explica a existência de tantas moléculas (naturais ou sintéticas) diferentes.

Um determinado agregado de átomos é chamado substância química quando exibe propriedades (físicas e químicas) definidas e invariáveis, de tal modo que é possível distingui-lo em relação a outros agregados.

As substâncias costumam ser classificadas em simples ou compostas.

- **Substância simples**: seus átomos são de um mesmo elemento. O ouro é formado só por átomos de ouro e a molécula do gás oxigênio é constituída só por átomos desse elemento.

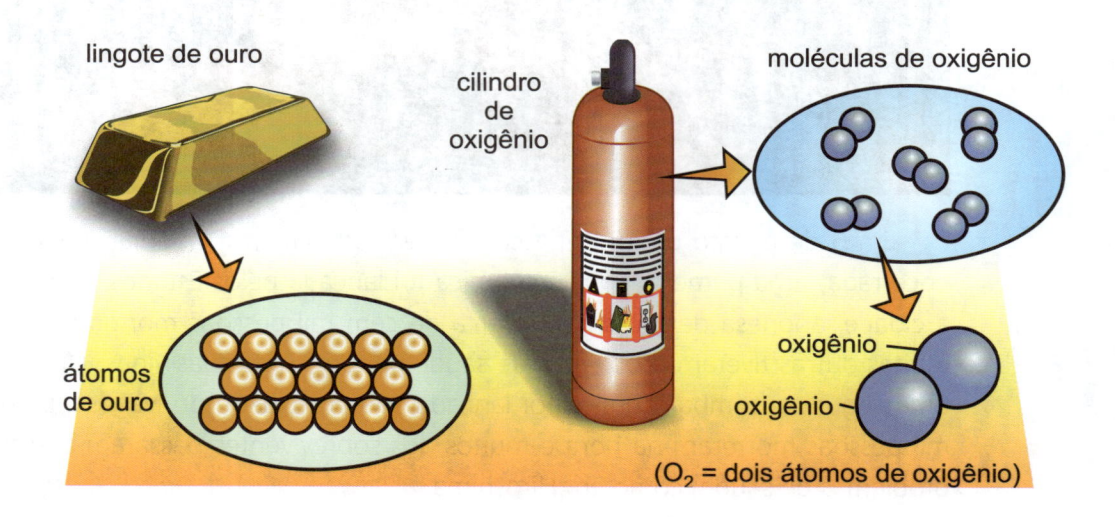

- **Substância composta**: seus átomos são de dois ou mais elementos. A molécula de água tem um átomo de oxigênio e dois átomos de hidrogênio.

Tanto as substâncias simples como as compostas podem ser encontradas, em condições ambiente, nos três estados físicos da matéria: sólido, líquido e gasoso.

Exemplos:

	Sólido	Líquido	Gasoso
Substâncias simples	ouro	mercúrio	oxigênio
Substâncias compostas	cloreto de sódio (sal de cozinha)	água	dióxido de carbono

Uma camada protetora... ou não

Existem casos de duas ou mais substâncias serem formadas pelo mesmo elemento químico. Isto acontece com o **oxigênio** (O_2) e o **ozônio** (O_3), em que o que varia é o número de átomos: são dois no oxigênio e três no ozônio.

A camada de ozônio é muito útil para os seres vivos, quando nas camadas mais altas da atmosfera terrestre, impede que a radiação ultravioleta provoque câncer de pele e outros problemas.

O gás **freon**, usado em refrigeração e aerossóis, tem a capacidade de "esburacar" a camada de ozônio, permitindo que as perigosas radiações ultravioleta causem graves problemas em muitos organismos.

Nas camadas mais baixas da atmosfera, o ozônio provoca problemas respiratórios, dores de cabeça etc.

Você sabia?

Devido ao progressivo aumento da eliminação de gases que provocam o aprisionamento do calor na superfície da Terra – fenômeno chamado *efeito estufa* – cada vez mais alguns países desenvolvem outras formas de obtenção de energia para adquirir eletricidade, por exemplo, a energia nuclear.

Existem no Brasil duas usinas nucleares – Angra 1 e Angra 2 – e até o ano de 2015 entrará em funcionamento, também no Rio de Janeiro, a usina Angra 3. A operação de tais usinas é responsável, hoje, por apenas 6,2% da geração elétrica em nosso país.

Usina Nuclear Angra 1.

Usina Nuclear Angra 2.

Mistura

A agregação de duas ou mais substâncias diferentes é chamada **mistura**, desde que suas moléculas não sofram modificações.

A água é uma substância composta, pois apresenta átomos diferentes. O açúcar fabricado pelas plantas é a **glicose**, e sua molécula tem átomos diferentes, como o carbono, o hidrogênio e o oxigênio; portanto, a glicose também é, como a água, uma substância composta.

- água: H_2O $\begin{cases} \text{2 átomos de hidrogênio} \\ \text{1 átomo de oxigênio} \end{cases}$

49

- glicose: $C_6H_{12}O_6$ $\begin{cases} 6 \text{ átomos de carbono} \\ 12 \text{ átomos de hidrogênio} \\ 6 \text{ átomos de oxigênio} \end{cases}$

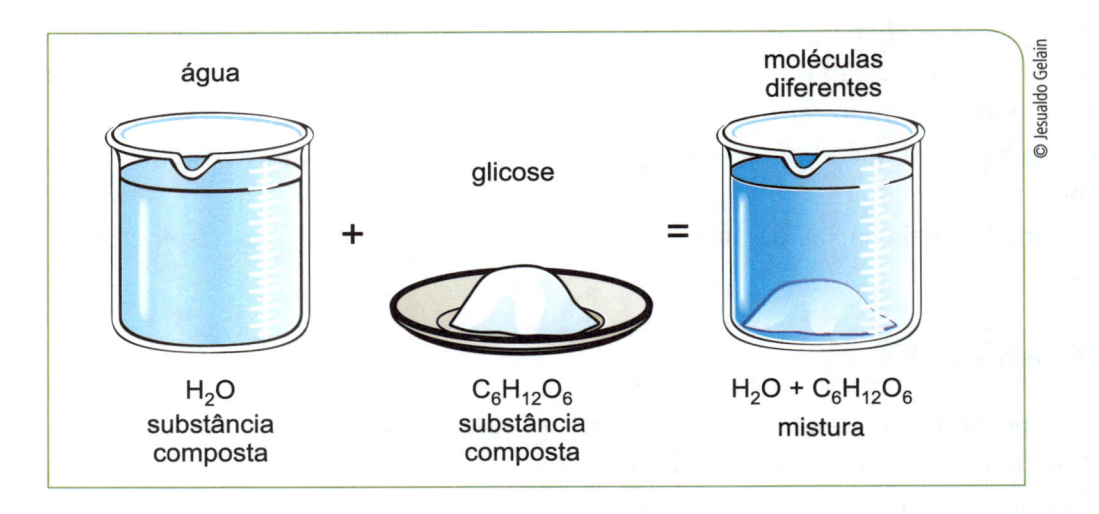

água + glicose = moléculas diferentes

H_2O
substância composta

$C_6H_{12}O_6$
substância composta

$H_2O + C_6H_{12}O_6$
mistura

As misturas podem ser **homogêneas** e **heterogêneas**.

- **Homogênea**: mistura na qual não podemos distinguir as substâncias que foram colocadas juntas, nem com a utilização de microscópios.

    Exemplo: água e açúcar. Até uma certa quantidade de açúcar, não enxergamos os dois tipos de molécula, elas se parecem uma coisa só. Vemos apenas **uma fase**, aquilo que chamamos **solução**.

- **Heterogênea**: mistura que apresenta aos nossos olhos duas ou mais fases, ou seja, podemos observar e distinguir substâncias a olho nu.

    Exemplos:

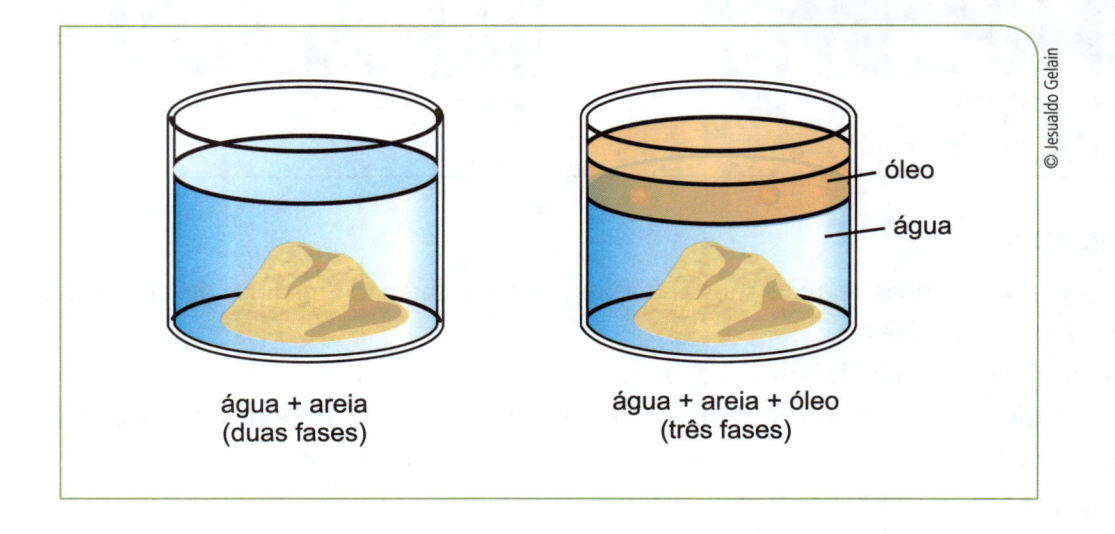

água + areia
(duas fases)

água + areia + óleo
(três fases)

50

Separação de misturas homogêneas

- **Evaporação**: usada nas salinas, onde se obtém o sal da água do mar, a qual é represada em tanques largos e rasos. A água do mar é uma mistura líquido-sólido e, após a evaporação, resta apenas o sal.

Você sabia?

No Oriente Médio, entre a Jordânia e Israel, encontramos o Mar Morto, um grande lago de água salgada dezenas de metros abaixo do nível do mar. Sua concentração de sal é sete vezes maior que a concentração de sal dos oceanos.

Esse é o motivo pelo qual é muito fácil para qualquer pessoa flutuar na superfície da água, pois o empuxo (força exercida pela água) que nosso corpo recebe da água é maior que o da água de qualquer oceano.

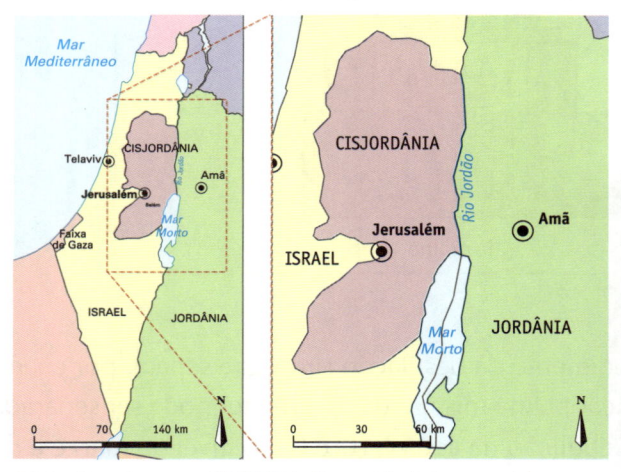

Fonte: Com base em FERREIRA, Graça Maria Lemos. *Atlas geográfico espaço mundial*. São Paulo: Moderna.

A eficiência do processo depende da temperatura, de uma superfície ampla em contato com o ar e muita ventilação.

- **Destilação simples**: processo utilizado na separação de um sólido e de um líquido como, por exemplo, na obtenção de água pura ou **água destilada**.

Empregada também na dessalinização da água do mar, com a utilização de um conjunto de aparelhos chamado **destilador**.

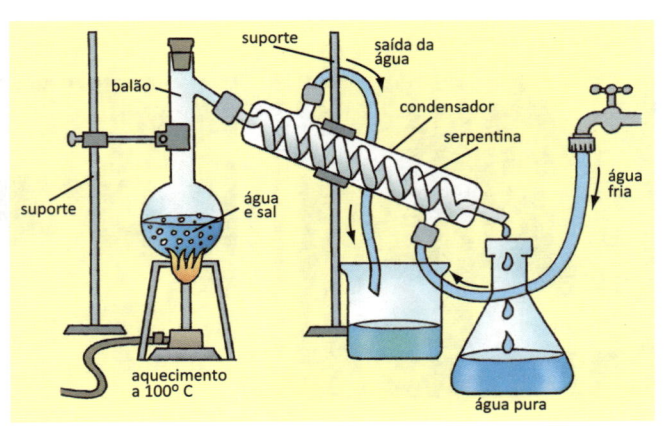

Ao entrar em ebulição, a água evapora. Ao passar no condensador, a serpentina é banhada por água fria, provocando a liquefação da água pura. No frasco chamado balão, no final do processo, teremos somente o sal.

51

Indústrias de bebidas alcoólicas usam alambiques enormes, onde se obtém a cachaça a partir da fermentação do melaço e do suco da cana-de-açúcar ou de cereais.

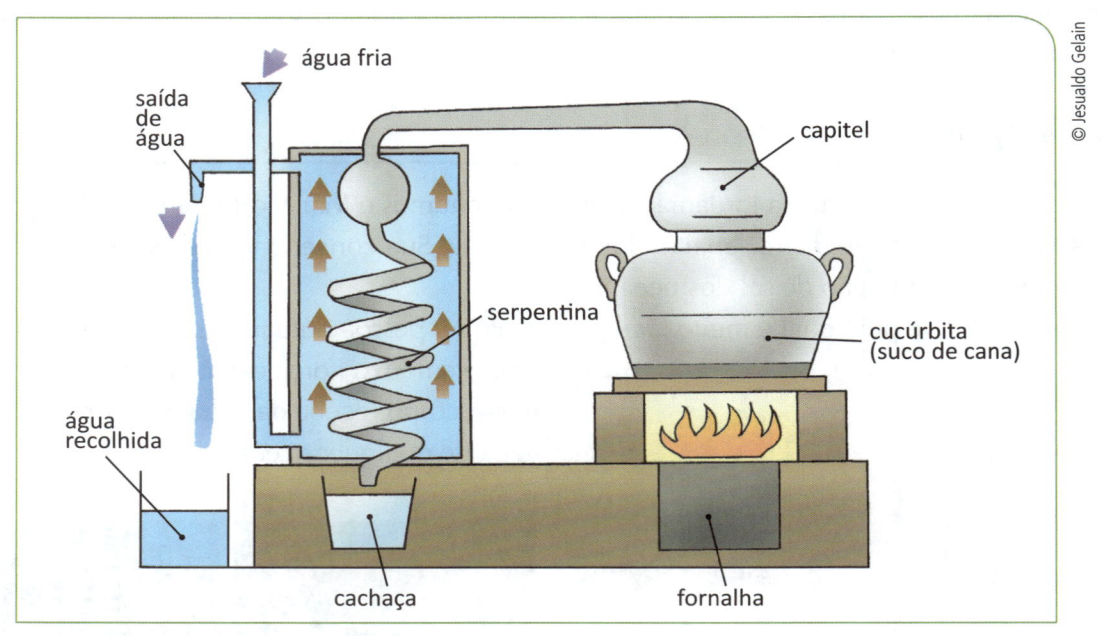

Alambique industrial.

- **Destilação fracionada**: usa o mesmo procedimento da destilação simples e separa, por exemplo, líquidos com diferentes pontos de ebulição. Uma mistura de água e éter pode ser separada por fracionamento, já que a temperatura de ebulição da água é 100º C (ao nível do mar) e a do éter é 34º C.

Separação de misturas heterogêneas

- **Catação**: muito simples, é um processo manual usado, por exemplo, na seleção do feijão que vai ser cozido.
- **Peneiração**: empregado na separação de substâncias com tamanhos diferentes, como areia e pedriscos; é chamado também **tamisação**.
- **Ventilação**: aplica-se uma corrente de ar para separar sólidos mais leves dos mais pesados, como as "cascas" do amendoim ou do alpiste.

- **Filtração**: separa o sólido do líquido, como o papel-filtro que usamos para fazer café, quando ele retém o pó. Um outro exemplo é o filtro de barro das residências, cuja "vela" porosa retém as impurezas, limpando a água.

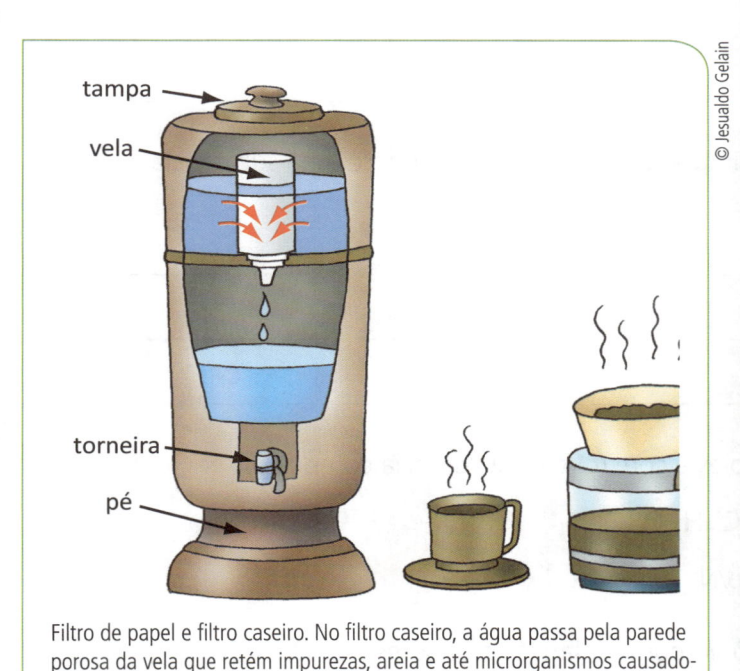

Filtro de papel e filtro caseiro. No filtro caseiro, a água passa pela parede porosa da vela que retém impurezas, areia e até microrganismos causadores de doenças.

- **Decantação**: separa sólido e líquido por ação da gravidade, quando a mistura é abandonada em repouso. Também chamada **sedimentação**, pois alguns autores dizem que decantação seria inclinar delicadamente o recipiente para retirar o líquido e deixar apenas o sólido no fundo.

Decantação, processo muito lento.

53

ATIVIDADES

1) Por que o ouro e a água são consideradas substâncias?

_____
_____
_____

2) Por que o oxigênio é uma substância simples e o dióxido de carbono é uma substância composta?

_____
_____
_____

3) Complete com (s) para substância simples e com (c) para substância composta:

( ) água/H_2O ( ) sacarose/$C_{12}H_{22}O_{11}$

( ) oxigênio/O_2 ( ) nitrogênio/N_2

4) Qual a importância da camada de ozônio para o planeta e os seres vivos?

_____
_____
_____

5) Dê um exemplo de mistura e justifique.

_____
_____
_____

6) Como podemos definir mistura homogênea e heterogênea?

_____
_____
_____
_____

7 Complete com (hom) para mistura homogênea e com (het) para mistura heterogênea:

a) (   ) água e serragem
b) (   ) água e álcool
c) (   ) óleo e areia
d) (   ) leite
e) (   ) água e açúcar
f) (   ) água e óleo
g) (   ) água mineral com gás
h) (   ) vinho
i) (   ) sangue
j) (   ) água do mar

8 Por que, na separação dos componentes de uma mistura, usamos fenômenos puramente físicos?
_____
_____
_____

9 Responda:

a) Explique o motivo das roupas serem penduradas estendidas quando colocadas num varal para secar.
_____
_____
_____

b) Cite três fatores que facilitam a evaporação.
_____
_____
_____

10 Quais são as mudanças de estado envolvidas no processo da destilação?
_____
_____
_____

11 Para "escolher" o feijão ou o arroz, separando-os de sementes ruins ou defeituosas, pedrinhas e outras impurezas, que processo de separação devemos utilizar? Qual é o tipo de mistura?
_____
_____
_____

Capítulo 7
As rochas

Formação rochosa na praia de Morro Branco, Fortaleza, CE.

Formação rochosa na Praia de Itacoatiara, Niterói, RJ.

Sabemos hoje que a Terra está organizada em uma sucessão de camadas diferentes, cada uma das quais exibe características físicas e químicas próprias.

Várias evidências indicam que a densidade, a pressão e a temperatura das camadas mais profundas do planeta são maiores que nas camadas mais superficiais. A composição química também é diferente. Os elementos mais pesados, como o ferro e o níquel, dominam a composição do núcleo, enquanto a concentração de elementos mais leves, como o carbono e o silício, tende a aumentar nas camadas mais superficiais.

As erupções vulcânicas estão sempre trazendo materiais das camadas mais profundas da crosta terrestre. Esses materiais às vezes chegam à superfície na forma de um fluído quente (lava), o qual, à medida que perde calor e se solidifica, pode dar origem a diferentes tipos de rochas.

Três grandes grupos de rochas costumam ser reconhecidos: as magmáticas, as metamórficas e as sedimentares.

Magmáticas

Também chamadas **ígneas**, formaram-se pelo magma expelido dos vulcões e depois resfriado. São as rochas mais encontradas na crosta terrestre.

Como exemplos, temos o **granito** e o **basalto**.

Dois tipos de granito.

O granito, bastante comum, é uma rocha magmática **intrusiva**, isto é, formada dentro da terra. Resistente, é usado como calçamento e guias de ruas, pisos e pias etc.

O granito é formado pelos minerais **quartzo** e **feldspato** e, às vezes, a **mica**, usada como material em aparelhos elétricos (ferros de passar roupa).

O basalto, geralmente cinza, é uma rocha magmática **extrusiva**, formada externamente, sobre a superfície terrestre quando do resfriamento e da solidificação do magma expulso pelos vulcões.

O basalto é usado como pedra britada para concreto e também no revestimento de pisos de ruas.

No passado remoto do nosso planeta, houve um derrame de basalto no Sul do Brasil que, depois de sua decomposição, originou a terra roxa, muito fértil e que contribuiu para o sucesso da agricultura nessa região.

A pedra-pomes, superporosa e muito leve por causa dos gases, é a lava vulcânica endurecida rapidamente. Serve como lixa ou abrasivo da pele.

Metamórficas

Através de aumento da pressão e da temperatura, algumas rochas (magmáticas ou sedimentares) sofrem transformação e são chamadas de rochas metamórficas, como gnaisse, mármore, ardósia e xisto.

O Pão de Açúcar (RJ) é um grande aglomerado de gnaisse.

Gnaisse e granito têm os mesmos minerais em sua composição, porém numa posição tal que faz do gnaisse uma rocha muito dura, presente em vários pontos geográficos do Brasil.

O mármore tem origem calcária e é usado como piso, tampo de mesas ou pias etc. Pode ser branco, róseo, esverdeado e até preto.

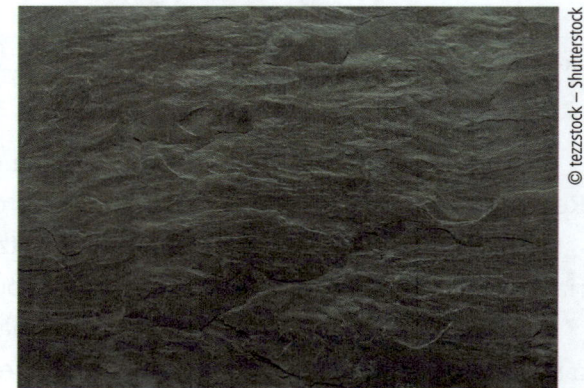

Gnaisse

Ardósia

A ardósia, cinza-esverdeada, pode ser cortada em fatias e serve como piso de jardins e interiores, telhados e lousas.

O xisto ou carvão de pedra é originado pela compressão de materiais sedimentares. Do xisto betuminoso pode ser extraído o petróleo.

Sedimentares

Resultam das modificações ou desgastes sofridos pelos outros tipos de rocha. Isso pode ocorrer pelo vento, que causa a **erosão**; pela temperatura, que faz a rocha aumentar de volume com o calor e diminuir de volume com o frio; pela água ou por outros fatores.

Esses fatores fazem com que partículas menores (sedimentos) se soltem das rochas magmáticas e sejam transportadas e depositadas num determinado ponto. Sedimentos e restos de seres vivos vão sendo pressionados pelas camadas superiores e acabam por formar **rochas sedimentares** ou **estratificadas**, porque estão em estratos ou camadas.

De acordo com a natureza dos sedimentos, podemos classificar essas rochas em:

- **Arenito**: formado pela compactação de grãos de areia, como no Parque Estadual de Vila Velha, Paraná.

- **Argila**: rocha mole e elástica, quando umedecida é chamada também de **barro**. Pode ser vermelha, usada na confecção de tijolos e telhas; amarela ou branca, esta, denominada **caulim**, usada na fabricação de objetos de porcelana.

Taça – formação rochosa de arenito do Parque Estadual de Vila Velha, Ponta Grossa, PR.

Vaso de argila.

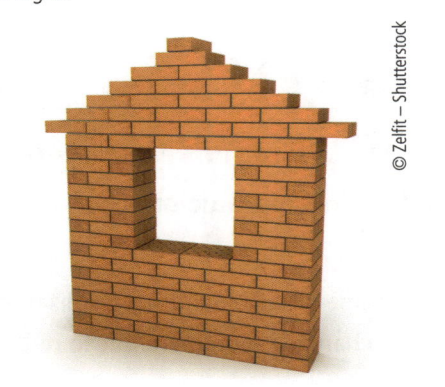

Tijolos produzidos com argila.

- **Calcário**: poroso e, portanto, muito permeável, desmancha tão facilmente que origina, com o tempo, cavernas e grutas.

Resulta do depósito de carapaças de carbonato de cálcio e de esqueletos de antigos animais marinhos, indicando a remota existência de um oceano no local.

O **cimento** é uma mistura de calcário e argila, aquecida a 1500 °C e depois moída.

O calcário também é usado na fabricação de **giz**. Quando aquecido de 800 °C a 1000 °C, origina a **cal**, usada na construção civil.

59

A água que se infiltra em rochas calcárias se apresenta saturada de **calcita** ($CaCO_3$ ou carbonato de cálcio). Essa água quando goteja do teto de uma caverna forma as **estalactites**, e, logo abaixo dessas, crescem de baixo para cima as **estalagmites**.

Interior de caverna.

Esquema da formação de estalactite e estalagmite por gotejamento de água com calcita.

- **Sambaquis**: restos de conchas, utensílios de cozinha, esqueletos etc., geralmente encontrados na costa oceânica ou em lagos, revelando a existência de antigas civilizações.
- **Rochas carbonadas**: resultaram da transformação dos restos de antigas florestas que foram soterradas. O vegetal decomposto e soterrado em meio úmido transforma-se em **turfa**, passa por outros estágios até chegar ao estágio de **hulha** ou **carvão coque**, de alto poder calorífico, usado em siderurgia e nas usinas termelétricas para gerar eletricidade.

O carvão, de cor preta, é uma rocha mole extraída de minas subterrâneas. Dizemos que é uma rocha de origem orgânica, pois é proveniente da transformação de organismos vegetais mortos e soterrados.

Você sabia?

Biomineralização reduz custos nas propriedades

Uso de minerais adicionados a fertilizantes traz bons resultados para produtores rurais

O uso de minerais adicionados a fertilizantes está trazendo bons resultados para produtores rurais do Sul do país. A chamada biomineralização reduz os custos nas propriedades e contribui para uma agricultura mais sustentável.

O produtor rural Vilson Stefanoski ocupa cinco hectares de terra em Cerro Grande do Sul, a 117 quilômetros de Porto Alegre. A propriedade, que se destaca pela preocupação com o meio ambiente, começou a usar a mineralização há dez anos.

– Esse material mudou a história da propriedade. Em 2001, a gente praticamente estava parando, porque estava intoxicando o solo devido ao mau uso da serragem – diz Stefanoski.

O uso das rochas moídas é uma prática milenar na agricultura. Com o avanço das pesquisas, a mistura feita com elas se tornou uma combinação poderosa, que faz a diferença. Vilson ainda usa a serragem de eucalipto, mas com a adição de pó de rocha e a ação de fungos do próprio ambiente, este virou o principal produto usado para a adubação. O solo foi analisado por pesquisadores da Universidade Federal do Rio Grande do Sul.

– Pelo que eles nos explicaram um solo considerado bom para a agronomia é de 75% de saturação base. Saturação base é composta por minerais, o que contém no solo. E eu aqui tive solos com 80% de saturação base. Então, é um solo que vamos dizer, eu colho oito safras por ano nas estufas aqui e mesmo assim há um solo de 80% de saturação base. Eu colho e ele está ótimo – comenta Stefanoski.

Nelson Diehl é proprietário de uma empresa que desde 2005 produz insumos agrícolas com base na biomineralização. Segundo ele, mais de 800 produtores gaúchos estão utilizando este tipo de fertilizante.

– Uma agricultura precisa de cuidados fundamentais. O primeiro é o meio ambiente, que não pode ter impacto negativo excessivo. Também a agricultura e as técnicas têm que ter um retorno econômico que é necessário para que nós tenhamos profissionais dedicados e atentos e o consumidor também não pode ser prejudicado. E como o consumidor não pode ser prejudicado? É que os alimentos tenham qualidade nutricional, sejam bonitos, sejam saudáveis, sejam duráveis e que ele tenha tranquilidade de saber que este alimento está alimentando, o que hoje nem sempre é possível em virtude das diferentes técnicas nocivas que estão sendo utilizadas – afirma Stefanoski.

Disponível em: <http://www.canalrural.com.br/canalrural/jsp/default.jsp?uf=2&local=&action=noticias&id=3248665&sectio=Canal%20Rural>.) Acesso em: jul. 2012.

Os fósseis

Seres vivos que hoje não existem mais podem ser estudados, desde que algum registro deles seja encontrado. Esses vestígios não só permitem conhecer animais e vegetais do passado, como também sua idade, o tipo de ambiente em que eles viviam, portanto, o tipo de solo, clima etc. E também as relações entre esses organismos e os mecanismos pelos quais ocorreu a evolução ou mudança das formas de vida em nosso planeta.

Geralmente o corpo de um animal ou planta é soterrado por camadas de sedimentos. Músculos, nervos e outros órgãos desaparecem pela atividade de bactérias e fungos, mas as partes duras podem sofrer um tipo de mineralização, isto é, vão sendo substituídas por minerais, orginando os fósseis.

Inseto preso em âmbar.

Pegada fóssil.

Às vezes, uma estrutura se decompõe totalmente, deixando um buraco na rocha, o qual, como um molde, acaba sendo preenchido por minerais.

Flores, grãos de pólen, insetos etc. são preservados inteiros quando envoltos por âmbar, um tipo de resina transparente que se solidificava após ter sido produzida por um pinheiro extinto.

Os minerais e os minérios

Uma rocha é uma associação consolidada de minerais que estão intimamente unidos. Embora tal associação seja coesa e, muitas vezes, dura, as rochas não são homogêneas, o que significa dizer que é possível subdividi-las nos vários minerais que as compõem.

Um mineral é um objeto cristalizado, formado por meio de processos inorgânicos e cujos constituintes são elementos ou substâncias químicas de composição e propriedades definidas.

O calcário é uma rocha formada de calcita, mineral composto de carbonato de cálcio. O granito é uma rocha formada por três tipos de minerais, quartzo, feldspato e mica, cada um dos quais tem uma composição química definida.

"Mineral" e "minério" são termos parecidos, mas não significam a mesma coisa. O termo minério é aplicado apenas para minerais ou rochas de importância econômica.

Ouro, **prata**, **platina** e **cobre** podem ser encontrados de forma pura na natureza.

Minério	Metal
Bauxita	alumínio
Calcopirita	cobre
Cassiterita	estanho
Galena	chumbo
Hematita	ferro
Pirita	enxofre

O Corcovado é uma rocha formada por gnaisse.

Por serem raros, bonitos e muito resistentes, alguns minerais são considerados preciosos, como o diamante, a safira, a esmeralda e o rubi.

São semipreciosas as pedras ametista, água-marinha, topázio e turmalina.

62

A cor das pedras preciosas é resultado da sua composição química. A safira, por exemplo, é derivada do mineral **corindo** e apresenta as cores azul, verde ou amarela, pois mostra **titânio** ou **ferro** na sua composição, e não o **crômio** do rubi. As cores do quartzo ametista variam do azul ao roxo, uma vez que na sua composição encontramos **ferro** e **manganês**.

O diamante é o mineral mais duro que conhecemos, capaz inclusive de provocar riscos nos vidros. Depois do diamante, os minerais mais duros são o **corindo** e o **topázio**, enquanto o **talco** é o mineral mais macio.

ATIVIDADES

1 Responda:

a) Por que as rochas ígneas ou magmáticas foram as primeiras rochas formadas na Terra?

___

b) Qual a principal diferença entre rochas magmáticas intrusivas e extrusivas? Dê um exemplo de cada.

___

c) Qual a principal utilidade de cada uma das duas rochas anteriores?

___

2) Dê a origem das rochas metamórficas. Cite dois exemplos.

3) Por que dizemos que as rochas sedimentares se formam depois das rochas magmáticas?

4) Como podemos definir o arenito? E o barro?

5) Qual é o processo de produção do cimento?

6) Como se forma uma carvena? Em que tipo de terreno?

7 Responda:

a) Como são formados os fósseis?

_____

_____

_____

b) Qual o principal tipo de rocha na qual eles são encontrados? Por quê?

_____

_____

_____

8 A pedra-pomes é uma rocha, superporosa e muito leve. Serve como lixa ou abrasivo da pele.

a) Como é formada a pedra-pomes?

_____

_____

_____

_____

_____

b) Que tipo de rocha é a pedra-pomes?

_____

_____

_____

_____

c) Dê dois exemplos de rochas que possuem a mesma classificação da pedra-pomes.

_____

_____

_____

_____

65

Capítulo 8
A ORIGEM E FORMAÇÃO DOS SOLOS

A crosta terrestre é formada basicamente de rochas, mas que raramente emergem na superfície como grandes blocos contínuos. A razão para isso é que as rochas tendem a se fragmentar sob a ação de alguns agentes de degradação, ou agentes de intemperismo, como a chuva, o vento e os seres vivos.

O solo é a camada mais superficial da crosta terrestre, aquela sobre a qual às vezes ainda temos chance de pisar. Embora a estrutura e a composição do solo dependam muito da tipo da **rocha-mãe** que lhe deu origem, outros fatores também são importantes, como a presença de ar, água e seres vivos.

Os solos costumam exibir uma organização vertical cuja representação gráfica é chamada **perfil do solo**. Há vários tipos de solo, cada um dos quais tende a exibir um perfil próprio.

No subsolo ainda encontramos grandes fragmentos de rocha-mãe.

Tipos de solo
Argiloso

O solo argiloso possui mais de 30% de argila, formada a partir da transformação do feldspato. Suas partículas são pequenas, mais encaixadas umas nas outras e retêm bastante água.

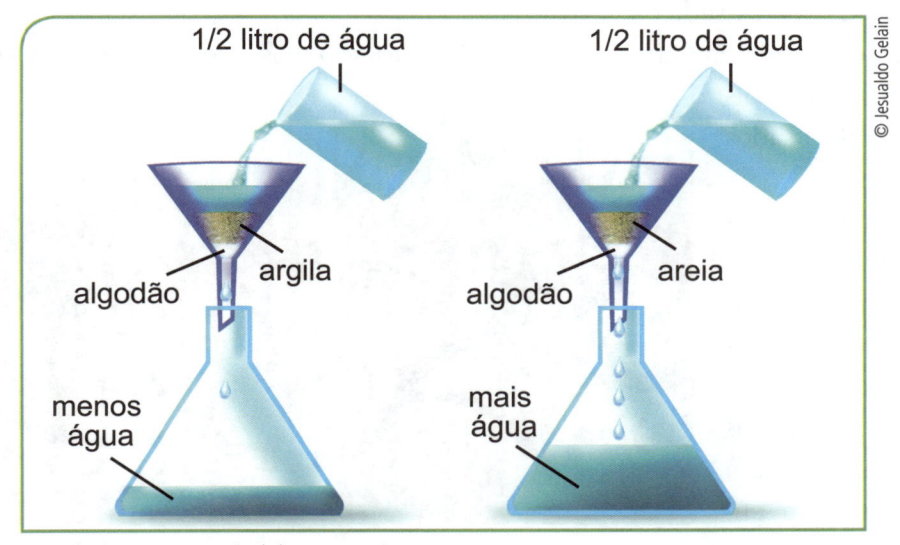

A argila é menos permeável do que a areia.

67

Arenoso

O solo arenoso apresenta mais de 70% de areia, cujas partículas grandes não se encaixam tanto quanto as de argila e quase não retêm água, daí não ser ideal para a agricultura.

Grãos de areia são fragmentos minúsculos de quartzo que se quebra.

Calcário

Mostra mais de 30% de produtos de rochas calcárias, como o mármore. Em excesso, o calcário deixa o solo improdutivo, mas é importante para neutralizar ou reduzir a acidez do solo.

Agrícola

É o solo que proporciona ótimo rendimento da agricultura, por isso deve possuir os minerais essenciais, boa permeabilidade, certa quantidade de calcário e húmus.

Chamamos de húmus o adubo natural proveniente da decomposição de plantas e animais depois de mortos, enriquecendo o solo de substâncias desses cadáveres e favorecendo sua fertilidade. É bom ressaltar que uma quantidade exagerada de húmus faz com que o solo se torne ácido e impróprio para os vegetais.

O solo húmico (com muito húmus) é geralmente encontrado em florestas, onde há grande diversidade de plantas e animais.

O solo agrícola ou fértil deve ter quantidades razoáveis de argila, areia, calcário e húmus, de acordo com aquilo que queremos plantar. Em média, as proporções desses componentes devem ser:

- Argila .... 20% a 30%
- Areia .... 60% a 70%
- Calcário........................... 7% a 10%
- Húmus .... 10% a 20%

A fertilidade de um solo também diz respeito à quantidade de água, ao arejamento e à presença de sais minerais que as raízes absorvem com água, para depois transformar tudo isso em seiva bruta, parte da "matéria-prima" que chega às folhas (o restante é CO_2 – dióxido de carbono – e luz que age sobre a clorofila), os órgãos-sede da fotossíntese.

A terra roxa, originada da transformação do basalto, e o massapé, este formado por alterações de rochas calcárias, são dois solos férteis e muito usados para o plantio.

Minhocas são vermes cujo corpo, dividido em anéis, é usado para escavar túneis, os quais, muito numerosos, permitem a circulação de ar. Suas fezes, eliminadas ao longo dos túneis, acabam funcionando como um eficiente "adubo natural".

Galerias escavadas por uma minhoca.

Uso do solo para a agricultura

Se uma mesma espécie vegetal for cultivada, por muito tempo, num mesmo campo de cultura, além do risco de uma praga acabar com a vegetação, pois todas as plantas são mais ou menos iguais, os mesmos nutrientes minerais serão retirados do solo por muito tempo, até esgotá-lo. Para corrigir e preservar o solo podemos lançar mão de alguns procedimentos:

- Rotação de culturas – um rodízio entre espécies como leguminosas (soja, ervilha, feijão etc.) com as demais culturas, uma vez que as bactérias alojadas nas raízes daquelas espécies transformam o nitrogênio da atmosfera em sais de nitrogênio, os nitratos, minerais importantes para o desenvolvimento dos vegetais.
- Adubação verde – leguminosas de baixo aproveitamento agrícola, como o feijão-de-porco, são cortadas ainda novas e enterradas, enriquecendo o solo de nitratos.
- Adubação – recolocação de adubos orgânicos, como estrume ou bagaço de cana etc., e inorgânicos, como nitrogênio, fósforo e potássio etc.

Você sabia?

Showtec 2011 apresenta novidade em fertilização do solo

Fertilizantes ou adubos são compostos químicos que visam suprir as deficiências em substâncias vitais à sobrevivência dos vegetais. No Showtec (Show de Tecnologia em Agronegócios), 2011, os estandes que apresentaram novidades a respeito da fertilização do solo foram um dos mais visitados. Ainda em fase de testes pela Fundação MS, o adubo químico Top Fós e o adubo orgânico foram apresentados em Maracaju. De acordo com a especialista em fertilidade e engenheira agrônoma da Fundação MS, Renata Azambuja, as pesquisas com adubos têm duração de no mínimo 4 anos, já que as condições climáticas são fatores que interferem na produtividade do solo. "O Top Fós, por exemplo, ainda está no primeiro ano de testes. É preciso tempo para que possamos avaliar a eficiência do fertilizante, no entanto, já podemos dizer que o Top Fós apresentou bons resultados. Visualmente observamos que a soja aumentou seu porte, quando aplicado o fertilizante", explica.

A combinação de esterco de origem animal com substâncias como potássio, nitrogênio e carbono resulta no chamado adubo orgânico. Segundo Renata Azambuja, essa é outra novidade que o produtor poderá encontrar no mercado. "O adubo se encontra em fase de experimento, nós ainda não podemos afirmar que ele possui melhores resultados que o adubo químico, porém, é um produto de baixo custo", aponta.

Durante os três dias do Showtec 2011, os produtores puderam acompanhar uma vasta programação de atividades que incluiu palestras, mesas-redondas, visitas técnicas a glebas e visitas a estandes com exposição de produtos da agricultura familiar, máquinas, equipamentos e informações meteorológicas.

O Showtec é realizado pela Fundação MS, com a promoção do Governo do Estado do Mato Grosso do Sul, por meio da Secretaria de Estado de Desenvolvimento Agrário da Produção, da Indústria, do Comércio e do Turismo (Seprotur) e da Agência de Desenvolvimento Agrário e Extensão Rural (Agraer) e da Federação da Agricultura e Pecuária de MS (Famasul), com o apoio do Ministério da Agricultura, Pecuária e Abastecimento (Mapa), Embrapa, Prefeitura de Maracaju, Sicredi, Organização das Cooperativas Brasileiras (OCB/MS), Aprosoja, Banco do Brasil, Sebrae e do Crea-MS.

Disponível em: <http://www.agrolink.com.br/culturas/arroz/noticia/showtec-2011-apresenta-novidade-em-fertilizacao-do-solo_125084.html>. Acesso em: jun. 2012.

Outras práticas de boa agricultura

- Calagem: correção da acidez do solo com a utilização de calcário.
- Irrigação: sistemas artificiais para umedecimento do solo seco.
- Drenagem: retirada do excesso de água quando o solo fica encharcado.
- Aração: uso do arado ou da enxada para arejar o solo e torná-lo permeável.
- Curvas de nível: num terreno inclinado, os sulcos impedem que a água escorra e leve embora os nutrientes, impedindo a erosão.

Uso do arado com trator.

Plantação em curvas de nível evita a enxurrada nos terrenos inclinados.

Erosão

É o conjunto de modificações sofridas pelo solo através da atividade da água e do vento.

Dois tipos de erosão: causada pelo vento (à esquerda) e pela água do rio (à direita).

A erosão hídrica pode ser causada pelo degelo (glacial), pelos rios (fluvial), pelas chuvas (pluvial) e pela água do mar (marinha); é mais rigorosa do que a erosão eólica, causada pelo vento.

Desmatamento e queimadas

Ao retirarmos a cobertura vegetal de uma floresta para o plantio de culturas, nem sempre temos sucesso. Na Amazônia, por exemplo, o solo é pouco profundo e pobre em minerais. Aquilo que "sustenta" ou "aduba" o solo é a cobertura vegetal, que, uma vez no solo, sofre decomposição e é transformada em húmus.

As queimadas destroem muitos minerais do solo, retardando a instalação de novas comunidades vegetais, além de desaparecer com os habitats de muitas espécies, que, sem proteção e alimento, acabam sumindo.

ATIVIDADES

1 Por que existem diferentes tipos de solo?

_____

_____

2 Observe as imagens e responda:

Solo arenoso.

Solo argiloso.

a) Cite uma importante diferença entre solo arenoso e solo argiloso.

_____

_____

b) Qual deles é mais permeável?

_____

_____

_____

3 Por que a agricultura esgota os solos mais rapidamente do que as vegetações naturais?

_____

_____

_____

_____

71

4 Complete a cruzadinha:
a) Erosão causada pelo mar.
b) Retirada do excesso de água quando o solo fica encharcado.
c) Trabalho com arado.
d) Adubo orgânico.
e) Erosão causada pelo rio.
f) Correção da acidez do solo com a utilização de calcário.
g) Tipo de solo rico em sais de cálcio.

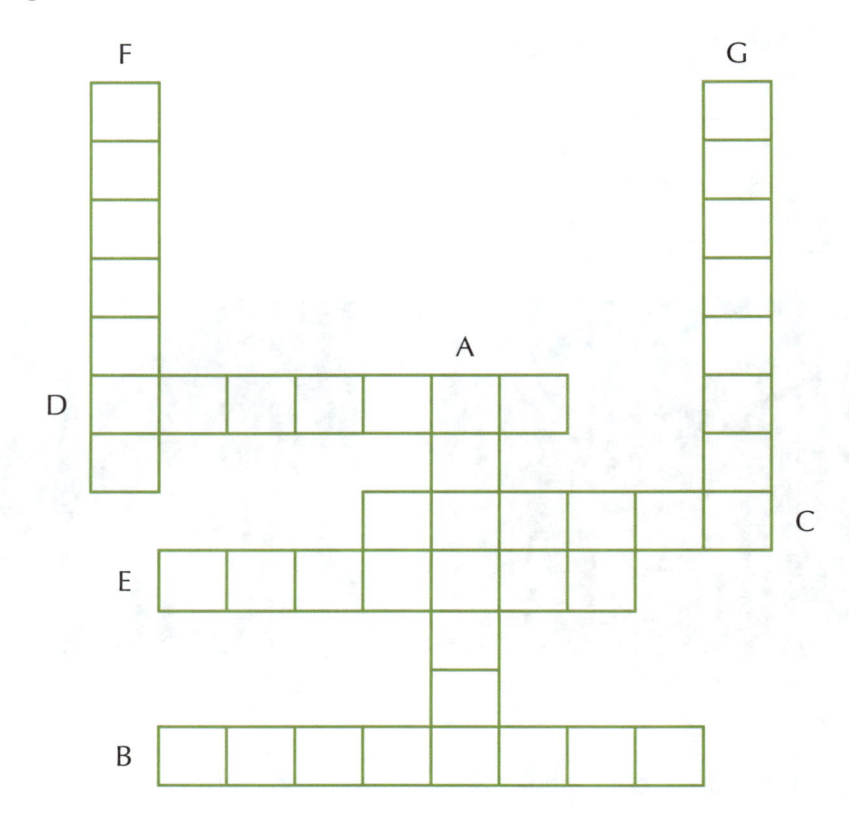

5 Observe e responda:

Qual das atitudes é a mais adequada? Justifique.

Pessoas adubando o solo.

Homem colocando fogo em terreno.

_____
_____
_____

Capítulo 9
A ÁGUA

© Qiu Xiangxing – Dreamstime

A maioria dos estudiosos defende a ideia de que vida – ao menos como a conhecemos aqui na Terra – surgiu na água. Não é de estranhar, portanto, que essa substância seja um componente vital das células. Sem ela, nenhum ser vivo consegue sobreviver.

Essa necessidade vital não implica, contudo, em ingestão direta. Nós precisamos beber água, assim como vários outros animais também precisam, mas muitos seres vivos conseguem sobreviver apenas com a água que extraem do alimento. É o que fazem, por exemplo, os besouros que se alimentam de sementes, como o caruncho do feijão.

Um ser humano adulto sobrevive vários dias sem se alimentar; todavia, sem água, o período de sobrevivência é bem menor. É por isso que os riscos de morte por desidratação em desertos quentes são bem maiores do que os riscos de morte por fome em desertos gelados.

73

A água é um dos componentes mais expressivos do corpo dos seres vivos, correspondendo, em média, a maior parte (entre 60% e 80%) da biomassa corpórea de plantas e animais. Mesmo uma estrutura aparentemente tão seca quanto uma semente contém água. Por exemplo, ao menos 15% do peso de um grão de milho correspondem ao seu teor de água.

Além de atender nossas necessidades mais fundamentais, como alimentação e higiene, as fontes de água também são exploradas pelo ser humano para fins econômicos como irrigação agrícola, geração de energia elétrica e meio de transporte.

Você sabia?

Doze por cento das reservas de água doce do mundo estão no Brasil, trata-se do Aquífero Guarani, o maior do mundo. Um manancial cuja água se acumulou lentamente na camada impermeável do subsolo. Compreende um reservatório subterrâneo cuja extensão é de 1 milhão e duzentos mil quilômetros e abrange partes do território brasileiro, paraguaio, uruguaio e argentino, com espessura ou profundidade aproximada de 50 a 800 metros.

Localização do Aquífero Guarani

A DISTRIBUIÇÃO DA RESERVA
Brasil: 840 mil km²
Paraguai: 58,5 mil km²
Uruguai: 58,5 mil km²
Argentina: 255 mil km²

TOTAL: 1,2 milhão km²

LEGENDA
Aquífero Guarani

ESCALA
0   478   956 km
1 cm = 478 km

Disponível em: <www.ufrgs.br>. Acesso em: 4 ago. 2009.

Para muitos estudiosos a água doce é o ouro do século XXI, entretanto, seu consumo aumentou muito nas últimas décadas e sem nenhum cuidado com a preservação de aquíferos, lençóis freáticos, mananciais, nascentes, lagos, rios etc.

Pesquise a respeito das principais ameaças aos aquíferos e outras reservas subterrâneas do nosso planeta.

Ganhamos e perdemos água

Existem diferentes maneiras de adquirirmos água. Aquela que **bebemos**, a água que ingerimos através de cada tipo de **alimento** e também a água obtida pela **respiração** de cada célula, isto é, a água proveniente da quebra do açúcar que serve de combustível para as células obterem energia.

As formas pelas quais perdemos água são a excreção ou eliminação da **urina**, por volta de um a um litro e meio por dia, removendo as impurezas do corpo. As **fezes** também retiram alguma água, principalmente em função do tipo de alimento ingerido.

Outro caminho pelo qual perdemos água é a **transpiração**. O suor eliminado por evaporação através da pele, além de eliminar impurezas, ajuda a manter constante a temperatura do nosso corpo, apesar das variações de temperatura do ambiente. Por isso, mamíferos e aves são animais **endotérmicos** ou de sangue quente.

Também ocorre **evaporação** de água pela superfície dos nossos **pulmões**. Prova disso é aquela "fumacinha" que eliminamos nos dias frios, ou seja, é a condensação do vapor d'água com o ar externo mais frio.

As plantas também precisam da água, principalmente para fazer fotossíntese, isto é, fabricar o açúcar a partir de dióxido de carbono (CO_2), clorofila e luz. Sem o produto da fotossíntese, os herbívoros não sobreviveriam e, sem eles, também desapareceriam os carnívoros. O desaparecimento completo da água poderia fazer extinguir a vida no planeta.

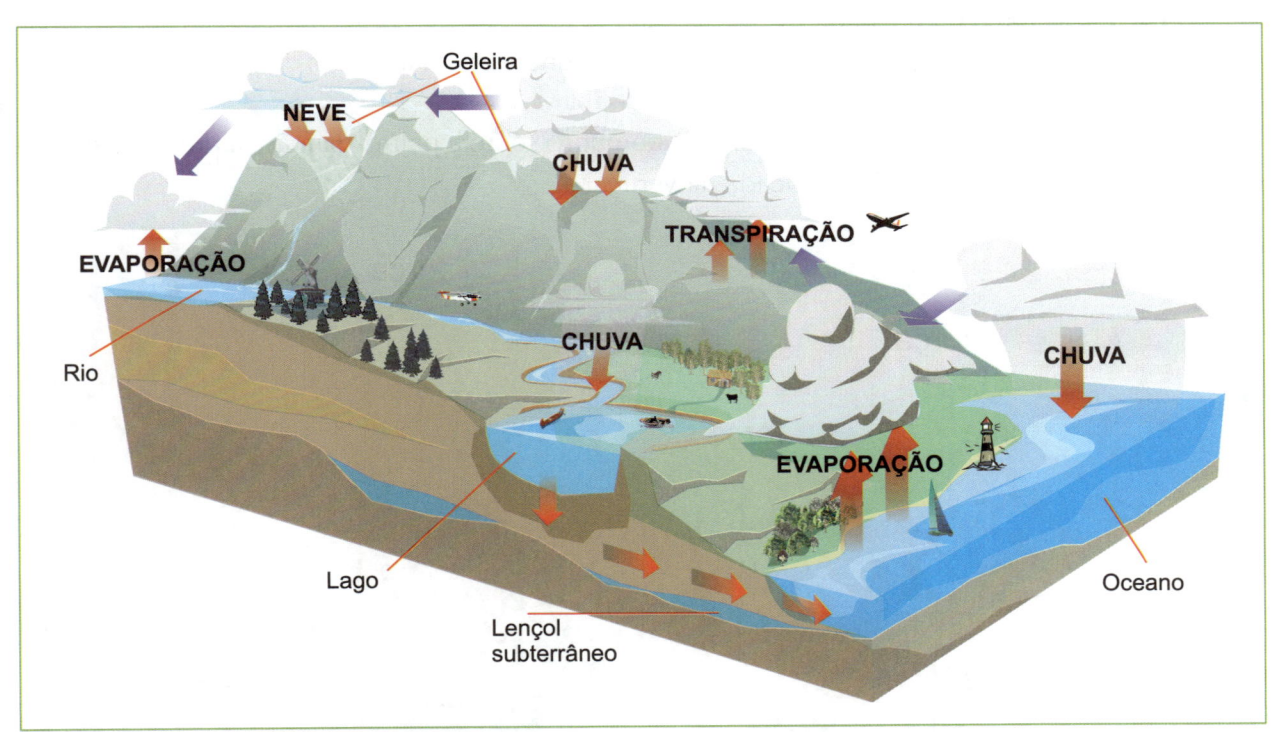

O ciclo hidrológico na natureza mostra que podemos encontrar a água nos estados sólido, líquido e gasoso.

O vapor d'água da atmosfera condensa-se e cai como chuva, granizo (gelo) ou neve (cristais de gelo) nos mares e continentes.

A água infiltrada no solo é absorvida pelos vegetais e, destes, passa para os animais na forma de alimento. Pelos seres vivos, a água é devolvida para a atmosfera na forma de vapor, principalmente pela transpiração.

A água dos continentes volta para a atmosfera pela evaporação de lagos, rios etc., ou para o oceano através dos rios e lençóis subterrâneos.

Nuvem, neblina, orvalho e geada

- **Nuvem**: massa de gotículas de água ou de partículas de gelo em suspensão na atmosfera, resultante da evaporação da água da superfície.
- **Neblina**: densa reunião de gotículas de água que se acumulam em baixas altitudes e é menos intensa do que a **cerração**.
- **Orvalho**: gotículas de água que surgem da condensação do vapor atmosférico, que se condensa durante a noite, ao encostar na superfície fria dos objetos.
- **Geada**: orvalho congelado nas madrugadas extremamente frias, capaz de estragar grandes áreas da lavoura.

Propriedades físicas da água

Qualquer corpo que apresente certa quantidade de massa, apoiado sobre uma superfície, exerce sobre ela uma força ou pressão.

É importante lembrar que essa pressão é proporcional não só ao valor da força aplicada, mas também à superfície sobre a qual é exercida a pressão.

Se colocarmos na horizontal uma caixa de bombons sobre a palma da mão, a pressão será menor do que se a mesma caixa for colocada na vertical.

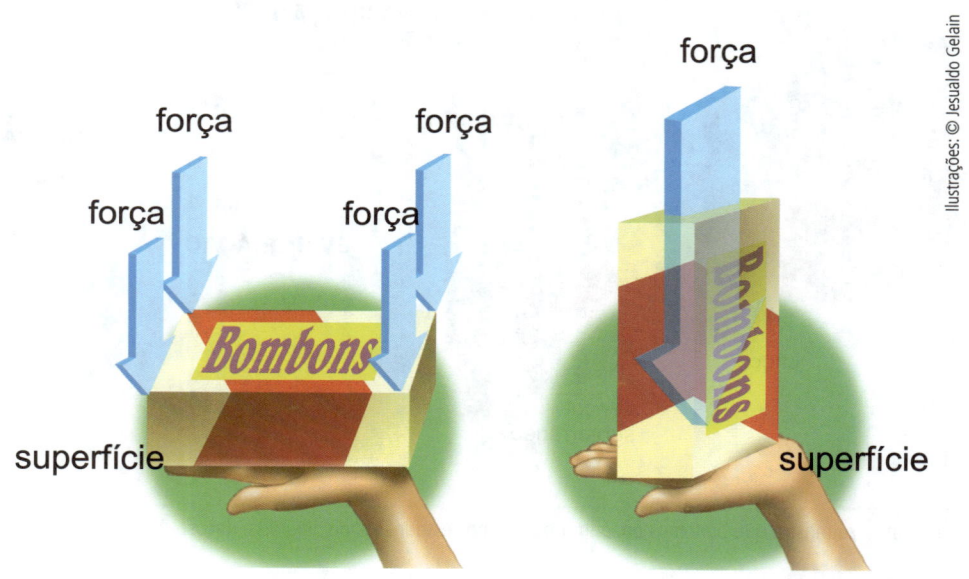

A caixa é a mesma, mas a pressão também varia conforme a superfície

O ar exerce pressão não apenas nos sólidos; basta lembrar que, se enchermos muito uma bexiga de aniversário, ela acabará estourando.

A água, como o ar e outros corpos, também exerce pressão.

Quanto maior o volume de água, maior a pressão que ela exerce sobre qualquer superfície.

- A água **exerce** pressão em todas as direções quando está num recipiente.

Todo corpo que está na água também sofre pressão exercida por ela em todas as direções. Quanto maior a profundidade, maior a pressão.

Os mergulhadores descem até um certo limite, com roupas especializadas para isso e aparelho para respirar, seja cilindro de gases (garrafa) ou escafandro.

A pressão em A é menor do que em B, que é menor do que em C.

Eles resistem enquanto a pressão externa for compensada pela interna. Mas, se uma pessoa ficar mais tempo em grande profundidade, sua pressão interna (pressão circulatória) aumenta, igualando-se à pressão externa.

Se esta pessoa subir rapidamente, a pressão interna ficará maior do que a externa e ela sofrerá embolia (liberação de bolhas gasosas no sangue) e poderá morrer. Por isso, deve subir devagar, para que a pressão interna diminua, acompanhando a diminuição da pressão externa.

Os submarinos também obedecem a limites para mergulhar e o material do qual são feitos resiste a esses limites ou a estas pressões.

Enquanto a pressão externa for compensada pela resistência do material, o submarino não será esmagado pela água.

Para subir. Para submergir.

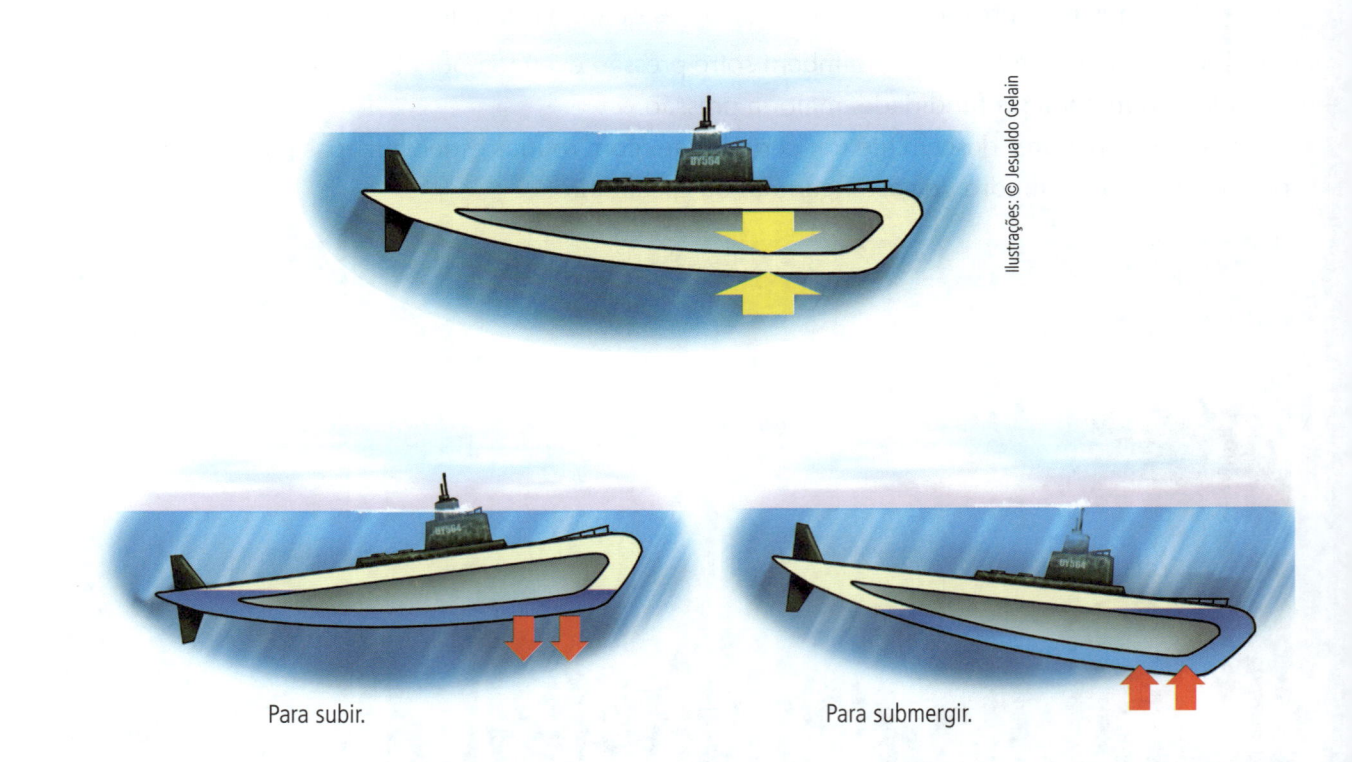

Para subir, o submarino esvazia os tanques de lastro. E, para submergir, o submarino enche os tanques de lastro.

Um exemplo da aplicação da ação da pressão é observado nas barragens, onde, na parte de baixo, apresentam-se paredes mais largas.

> **Você sabia?**

Usinas Hidrelétricas e a pressão da água

Quando os engenheiros planejam as usinas hidrelétricas levam em consideração que quanto maior for a profundidade, maior será a pressão exercida pela água.

Essas usinas aproveitam o potencial hidráulico existente num rio, utilizando desníveis naturais como quedas de água, ou artificiais, produzidos pelo desvio do curso original do rio.

Nelas, a força das águas represadas dos rios é utilizada para a produção de energia elétrica. Essas usinas são responsáveis por mais de 70% de toda a energia elétrica gerada no país e cerca de 20% da eletricidade mundial. Além disso não é poluente, é renovável, e permite controlar a vazão dos rios através das barragens, minimizando os efeitos das enchentes.

Como exemplo vamos citar a Usina Hidrelétrica de Barra Bonita, que iniciou sua operação em 20/01/1963 e passou a ser um ponto turístico da cidade.

O rio Tietê nasce no município paulista de Salesópolis e distante 22 Km do oceano Atlântico, mas caminha para o oeste Paulista, percorrendo 1.136 Km desaguando no rio Paraná.

No passado foi um importante aliado dos bandeirantes na conquista do território brasileiro. Atualmente, importantíssimo para a economia do estado de São Paulo com a geração de energia elétrica, fertilização do solo e do transporte comercial pela Hidrovia Tietê-Paraná.

Diferente da capital paulistana, onde o rio Tietê é impróprio para o consumo e navegação, em Barra Bonita você pode pescar, praticar canoagem e até mesmo fazer um belo passeio de barco com almoço à bordo.

Barra Bonita tem sua vocação turística voltada para os eventos náuticos; até mesmo foi implementado aqui o Projeto Navega São Paulo, um projeto que, oferecendo aulas de canoagem e vela para os alunos da rede pública de ensino.

Usina Hidrelétrica de Barra Bonita

A Eclusa de Barra Bonita foi a primeira da América do Sul a ser explorada turisticamente, possuindo 142 metros de comprimento, 12m de largura e 25m de desnível máximo. O tempo de eclusagem tanto para subir, como para descer é de 12 minutos. A Eclusa é a atração turística mais divulgada e conhecida da cidade, além de ter um importante valor econômico por viabilizar a Hidrovia Tietê-Paraná.

Princípio dos vasos comunicantes

Se dois recipientes estiverem ligados entre si, o nível da água é o mesmo em ambos e a pressão atmosférica exerce a mesma força sobre a superfície de ambos, é claro.

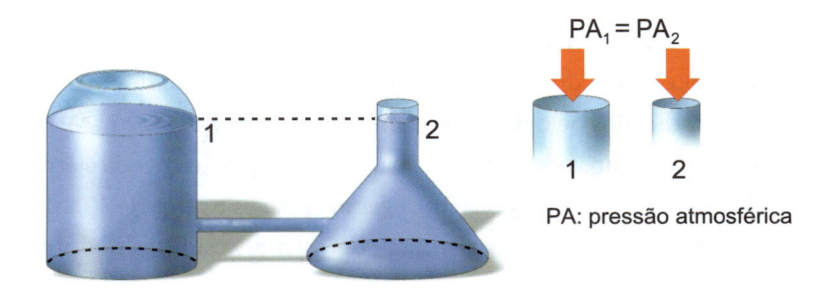

$PA_1 = PA_2$

PA: pressão atmosférica

Vasos comunicantes são dois ou mais vasos que estão ligados e, quando colocamos água, ela fica na mesma altura em todos eles, independente da forma ou do tamanho dos mesmos.

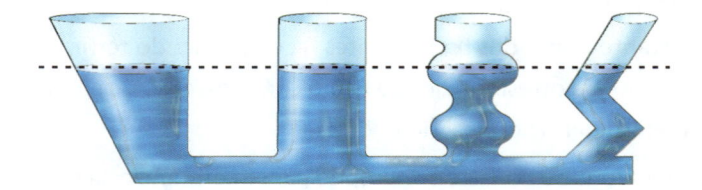

A distribuição de água numa cidade respeita o princípio dos vasos comunicantes.

A água nas cidades

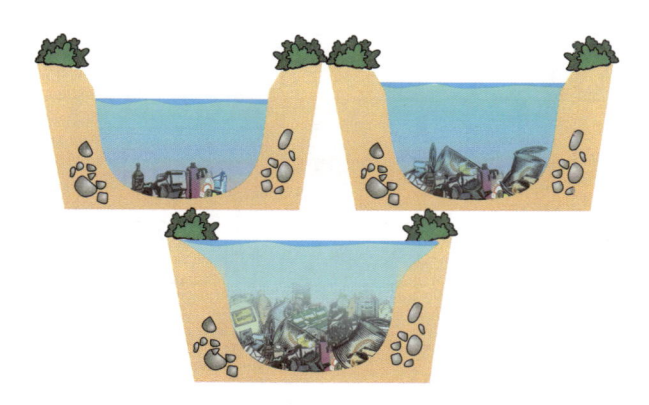

O acúmulo de terra e objetos no leito dos rios faz subir o nível da água.

Um dos grandes problemas dos centros urbanos é a possibilidade de **enchentes**, responsáveis por enormes prejuízos materiais e também por uma série de doenças muito prejudiciais aos seres humanos.

Rios que atravessam as cidades podem sofrer **assoreamento**, uma das causas de enchentes. Grande volume de terra ou de entulho jogado nas ruas pela população ocupa o leito do rio, deixando menos espaço para água que, em épocas de chuva, transborda para as ruas.

Outra causa de enchentes nas cidades é a falta de escoamento da água das chuvas, uma vez que as ruas, praças e avenidas cada vez mais são recobertas por asfalto e concreto. Sem ter por onde se infiltrar, a água se acumula, o nível sobe e ocorre o alagamento.

Apesar de o solo estar impermeabilizado, os bueiros e as galerias poderiam resolver, mas constantemente são entupidos por papéis, garrafas plásticas e uma infinidade de outras coisas que a própria população abandona nas ruas.

Poluição da água por óleo.

Poluição da água por lixo.

ATIVIDADES

1. Complete a coluna da direita com os algarismos romanos da esquerda.

   I – 97,995%   ( ) Água no estado sólido

   II – 0,005%   ( ) Água no estado líquido

   III – 2%   ( ) Água no estado de vapor

81

2 a) Cite três maneiras pelas quais ganhamos água:

I – _____

II – _____

III – _____

b) Cite três maneiras pelas quais perdemos água:

I – _____

II – _____

III – _____

3 Complete a segunda coluna com as alternativas da primeira coluna.

a) granizo   (   ) Massa de gotículas de água em suspensão na atmosfera.

b) chuva   (   ) Chuva que cai na forma de grandes glóbulos de gelo.

c) nuvem   (   ) Chuva que cai na forma de grandes glóbulos de gelo. Orvalho congelado nas madrugadas frias e capaz de provocar grandes prejuízos para a agricultura.

d) geada   (   ) Gotas mais pesadas de água que caem das nuvens.

4 a) Como podemos definir um manancial?

_____

b) Cite alguns exemplos de mananciais.

_____

5 São dois os fatores dos quais depende uma pressão. Quais são eles?

_____

_____

_____

6 Como é feita a distribuição de água para abastecer uma cidade?

_____

_____

7 Um peixe que vive em 2.000 metros de profundidade

a) suporta grandes pressões da água.   b) resiste a grandes variações de pressão.

Qual frase está correta? Ou as duas estão corretas? Ou ambas estão erradas?

_____

_____

8 Em que pontos poderemos instalar a torneira e obtermos água? Justifique.

_____

_____

9 Pesquise como é o corpo e qual é o tamanho da maioria dos peixes de enormes profundidades.

_____

_____

_____

_____

_____

_____

83

10 A figura representa uma barragem ela é mais larga embaixo. Por que?

_____
_____
_____
_____
_____
_____
_____

11 Observe o desenho e responda.
Quando precisamos tomar soro pela veia do braço, a bolsa que contém o soro é sempre colocada a certa altura acima do nosso corpo como mostra o desenho. Explique esse procedimento.

_____
_____
_____
_____
_____
_____
_____
_____

84

O USO E ABUSO DA ÁGUA

Capítulo 0

Os corpos de água (mares, rios, lagos etc.) cobrem mais de 70% da superfície do planeta. Isso não significa, contudo, que se trate de um recurso prontamente disponível, pois menos de 5% desse total é de água doce, o único tipo potencialmente utilizável por nós em larga escala.

A água do mar não é uma fonte utilizável, pelo menos por enquanto. Para tanto, ela tem de passar por algum processo de separação, por meio do qual os sais minerais dissolvidos sejam retirados. Sem isso, a água do mar é imprópria para consumo humano. Um náufrago que tentasse saciar a sede bebendo água do mar morreria desidratado.

No momento, portanto, só podemos contar com as fontes de água doce, que é escassa.

Além da escassez, outro aspecto preocupante é a degradação das fontes de água. Por um lado, temos a poluição química, como resultado de descargas de substâncias nocivas, como agrotóxicos, efluentes industriais, detergentes domésticos etc. Por outro, temos a contaminação biológica por microrganismos patogênicos e vermes parasitas, problema que tem muito a ver com a falta de saneamento básico e outras condições de higiene.

Poluição das águas

Pesticidas

Agrotóxicos, mesmo utilizados no meio terrestre, facilmente alcançam represas, lagos e rios.

Quando pesticidas atingem as cadeias alimentares, sofrem um **efeito cumulativo**. Os últimos consumidores das cadeias alimentares, portanto, são aqueles que armazenam maior quantidade de pesticida por grama ou quilograma de massa corpórea.

Apesar de proibidos, certos venenos ainda são usados em vários países e, além do seu enorme **efeito residual**, permanecendo muito tempo nos ambientes, são levados para outras comunidades pelos ventos e pela água.

O DDT, por exemplo, fica armazenado nos tecidos de alguns peixes. Quando a escassez do inverno os obriga a consumir as próprias reservas de gorduras, o praguicida ganha a corrente circulatória provocando sua morte.

Um consumidor terciário de maior biomassa come vários consumidores secundários

Vários herbívoros servem de alimento aos consumidores secundários

Herbívoros já acumulam agrotóxico

Cada produtor absorve agrotóxico

O agrotóxico (pontos escuros) vai se acumulando nos consumidores maiores.

Mercúrio

Tem como fontes as indústrias de aparelhos eletrônicos, de tinta e de papéis, além da mineração.

O mercúrio ataca o sistema nervoso, provocando perda de coordenação dos movimentos, paralisia etc.

Uma tragédia ocorreu em 1953 na baía de Minamata, uma ilha japonesa, quando dezenas de pescadores morreram por comerem peixes carregados de mercúrio lançado na água por uma indústria de papel. Desde então, a doença resultante da poluição por mercúrio ficou conhecida como **mal de Minamata**.

No garimpo, o mercúrio metálico dos termômetros é misturado ao material extraído da água e, com a ajuda do calor, ele é evaporado, facilitando a separação do ouro. Garimpeiros jovens já demonstram sinais de envenenamento, por inalação de gases ou ingestão de alimento impregnado de mercúrio.

Poluição térmica

A água superaquecida usada no resfriamento dos reatores de usinas nucleares e dos equipamentos de várias indústrias é despejada nos lagos e rios, afetando direta ou indiretamente a vida na água, uma vez que muitos animais não sobrevivem às altas temperaturas, necessitando, inclusive, de mais oxigênio, cuja quantidade diminui na água quente.

Detergentes

Até os biodegradáveis, aqueles que sofrem decomposição por micro-organismos, alteram as cadeias alimentares.

A agitação da água que recebeu detergentes origina enormes blocos de espuma na superfície, atrapalhando a passagem de luz e oxigênio.

Os detergentes removem a gordura que impermeabiliza as penas das aves aquáticas que, encharcadas, ficam mais pesadas e morrem afogadas.

Algumas substâncias dissolvidas pelos detergentes engorduram as brânquias dos peixes, os quais têm reduzida a superfície respiratória e dificuldade para obter oxigênio.

Você sabia?

Eutrofização

Quando um esgoto sem tratamento lança grande quantidade de resíduos orgânicos em um rio ou lago, a **eutrofização** desencadeia uma série de eventos impactantes. Esse é um processo que tem início com a proliferação de micro-organismos, principalmente bactérias decompositoras aeróbias, que consomem grande quantidade de oxigênio da água, determinando a morte de muitos seres vivos aquáticos, que dele dependem. Em seguida, desenvolvem-se microrganismos anaeróbios, que passam a liberar gás sulfídrico, de mau odor, e que possui amônia e metano.

O lançamento de esgoto na Lagoa Rodrigo de Freitas, no Rio de Janeiro, por exemplo, durante os meses mais quentes do ano, reduz drasticamente o oxigênio, provocando enorme mortandade de peixes.

Doenças adquiridas pela água

Quase 40% das moradias nos centros urbanos brasileiros não possuem rede de coleta de esgotos, e não são poucos os parasitas que podem nos alcançar por falta de saneamento básico ou falta de higiene.

Hepatite A

Como o vírus também é encontrado nas fezes do doente, a água ou os alimentos contaminados transmitem a doença que agride o fígado.

Poliomielite

O vírus da paralisia infantil pode ser adquirido pela água, alimentos e objetos contaminados pelas fezes do doente.

Febre tifoide

Causada por um tipo de bactéria encontrada nas fezes dos doentes e é adquirida pela ingestão de água ou alimentos contaminados. Dores e diarreia intensa são alguns sintomas.

Cólera

Adquire-se pelo contato com água e alimentos contaminados por fezes do doente, onde encontramos a bactéria. Provoca dores abdominais, diarreia e desidratação.

Um dos grandes problemas com as doenças cujos parasitas encontram-se nas fezes é a falta de higiene, principalmente daqueles que, após utilizar o sanitário, não lavam as mãos.

Recentemente, um estudo feito no Rio de Janeiro mostrou que as cédulas do nosso dinheiro apresentam um número incrível de bactérias e fungos, alguns encontrados nas fezes humanas, e perigosos parasitas.

A desidratação é perigosa e pode levar à morte. Podemos combatê-la com o simples **soro caseiro**, no qual misturamos uma colherzinha de açúcar e uma pitada de sal para cada copo de água filtrada ou fervida.

Leptospirose

Nas enchentes, o perigo é maior porque a água serve de veículo para a bactéria, encontrada na urina de ratos, cães e galinhas. Causa febre alta e dores musculares e articulares.

Salmonelose (Disenteria)

Como na maioria dos casos anteriores, adquire-se pela ingestão de água ou alimentos contaminados por uma bactéria, a qual leva a uma forte inflamação, com febre, diarreia e desidratação.

Amebíase

A ameba que causa essa doença é um protozoário que ataca o intestino grosso, roubando glóbulos vermelhos do sangue. A transmissão é pela ingestão de **cistos** (formas de resistência) com água e alimentos contaminados por fezes de doentes. As fortes dores abdominais acompanham diarreias com sangue.

Essa ameba pode alcançar, pelo sangue, os pulmões e o cérebro, onde causa feridas.

Giardíase

Outro protozoário, a giárdia, é adquirida do mesmo modo que a ameba. Parasita do intestino delgado, provoca dores e diarreia.

Esquistossomose

Verminose causada pelo esquistossomo. Ela é adquirida pela penetração de uma larva que usa um caramujo de concha achatada para se desenvolver. Por isso, não devemos entrar em lagoas com esses caramujos, chamadas "lagoas de coceira", pois é o que se sente após a larva furar nossa pele.

Os vermes adultos se reproduzem nos vasos sanguíneos do nosso fígado, e um dos sintomas é a "barriga d'água". Ainda não há cura.

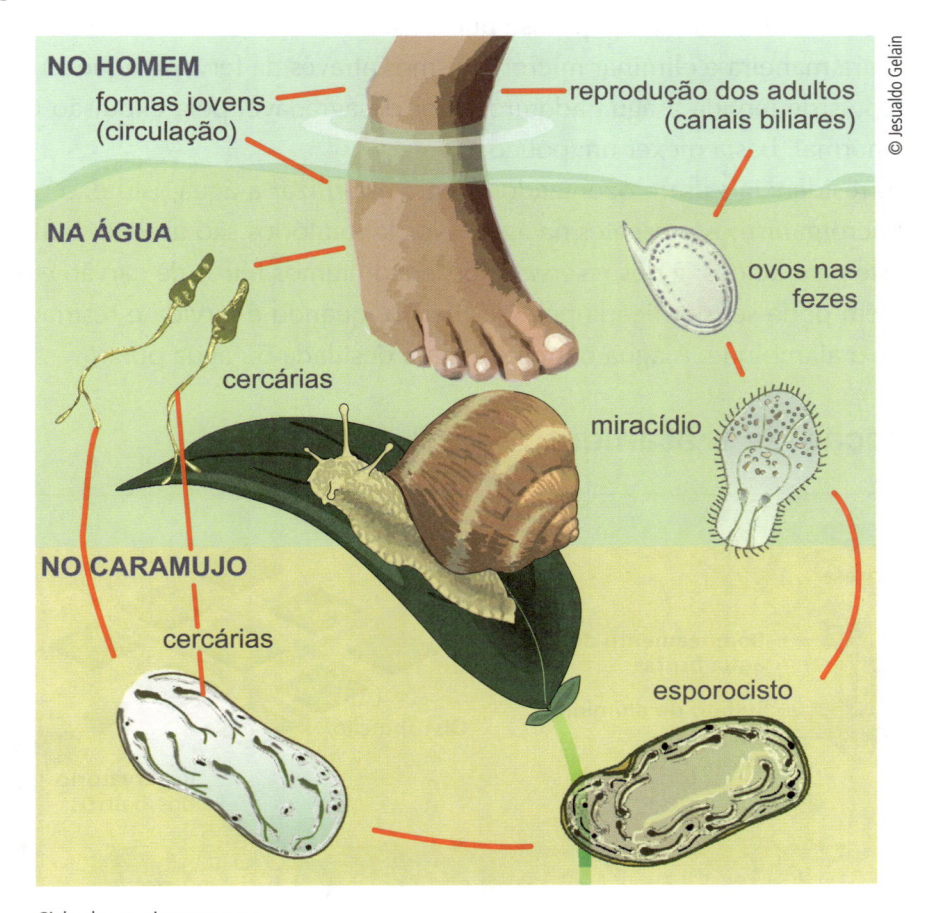

Ciclo da esquistossomose.

Ascaridíase

Verminose causada pela lombriga, quando ingerimos seus ovos com a água não tratada ou alimentos mal lavados, como verduras, frutos etc. Ataca o intestino delgado e causa diarreias.

Existem outras doenças que dependem da água, como é o caso da **malária** e da **dengue**.

A **malária** é uma doença causada por um protozoário, organismo unicelular que se reproduz nos nossos glóbulos vermelhos do sangue, arrebentando-os, ocasião em que o paciente tem picos de febre alta. A **dengue** é provocada por um vírus que agride vários órgãos e, no caso de reincidência, pode ser mortal porque leva à febre hemorrágica.

Tanto malária como dengue estão ligadas à água, porque o protozoário e o vírus são transmitidos por dois mosquitos que, ao chuparem nosso sangue, passam para nós os causadores das doenças através da saliva. Os pernilongos adultos originam-se de larvas que nasceram de ovos colocados na água, como poças e tanques abandonados, pratos para vasos com flores, pneus velhos, latas vazias que acumulam água etc., principalmente durante as chuvas de verão.

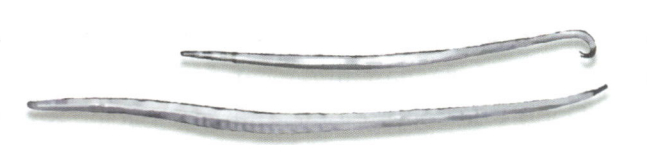

Casal de lombrigas, vermes cujas fêmeas podem alcançar até 30 centímetros. O macho tem a cauda curva.

A água potável, boa para beber, deve ser inodora e incolor, isto é, sem cheiro e sem cor, porém não é insípida; ela possui certo sabor devido aos gases misturados, como oxigênio e dióxido de carbono.

Existem vários processos de purificação da água. Em nossas residências, devemos usar o filtro de vela, esta fabricada com um material poroso que deixa passar a água, mas retém impurezas e microrganismos. Outra maneira é eliminar microrganismos através da fervura, aquecendo-a até entrar em ebulição. Depois de fervida a água adquire sabor desagradável pela expulsão dos gases; para fazê-la voltar ao normal, basta mexer um pouco.

Alguns filtros residenciais usam ozonizadores para esterilizar a água, isto é, o ozônio (O3) elimina possíveis microrganismos presentes na água. Nos laboratórios são usados os filtros de papel e de lã de vidro, este para ácidos; e nos reservatórios, encontramos filtros de carvão e de areia.

A água também pode ser purificada pela destilação, quando é fervida e resfriada em seguida; para isto, é usado o alambique. A água obtida é a água destilada ou água pura.

Uma estação de tratamento – ETA

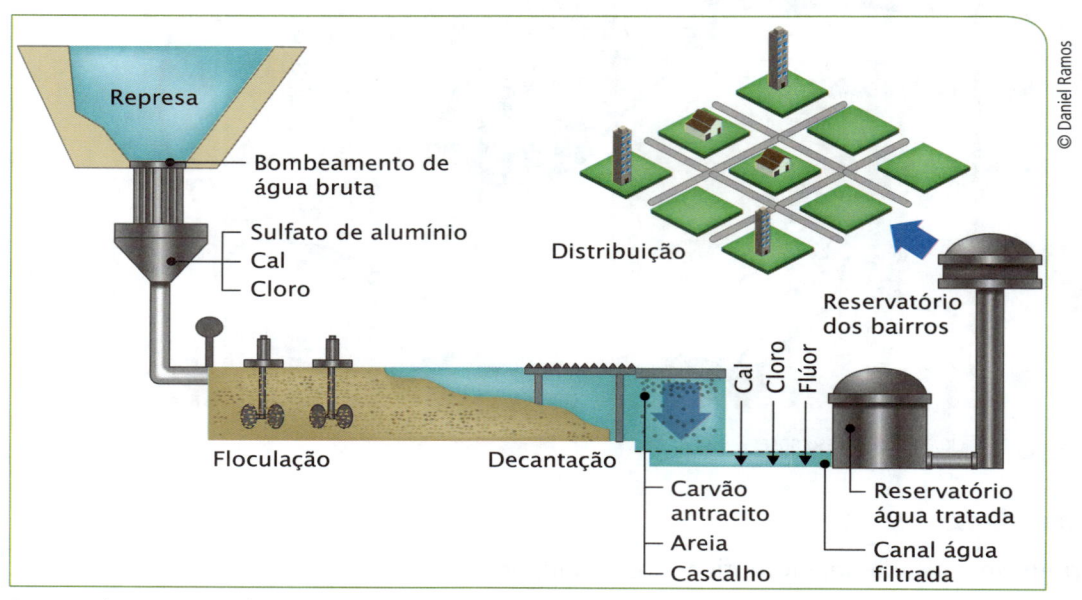

Esquema de uma estação de tratamento.

A água fornecida para nossas casas é captada, por exemplo, numa grande represa.

De lá, ela chega à estação de tratamento por meio de uma longa tubulação chamada adutora.

Do reservatório da estação, a água é bombeada para uma seção na qual recebe algumas substâncias (sulfato de alumínio e cal) que aglutinam grandes impurezas essa seção recebe o nome de tanque de tratamento.

Depois passa para o tanque de floculação onde a impurezas ficam aglutinadas em maior tamanho. Essa aglutinação e feita com auxílio de pás que recebem o nome de floculadores.

Em seguida, por decantação, tais partículas vão para o fundo e a água passa por uma superfiltração com areia, cascalho e carvão.

Depois de sofrer cloração (matar bactérias – cloro é bactericida) e fluoretação (colocação de flúor – previne a cárie), a água já pode ser distribuída para residências, indústrias, hospitais etc.

A captação e a distribuição após o tratamento é aquilo que chamamos de água encanada.

A alteração dos regimes de chuva e o desperdício de água já estão provocando racionamentos, não só de energia elétrica, uma vez que boa parte depende da água que acumulamos em reservatórios e represas, mas também de água, algo que não sonhávamos alguns anos atrás.

> **Você sabia?**
>
> Embora o consumo mundial de água tenha sido multiplicado por mais de cinco vezes, o acesso à água contínua e de qualidade permanece desigual. A parcela mais pobre da população frequentemente paga mais para o acesso, precário, à água. Aqueles que não têm acesso às ligações regulares de fornecimento de água pagam entre 10 e 100 vezes mais. No Brasil, a realidade do acesso à água potável mostra duas faces que concorrem para um mesmo problema. O acesso à água ainda é restrito, em grande parte em razão do valor da tarifa. Por outro lado, há um elevado desperdício. O Brasil é um dos países com as maiores reservas de água potável do mundo, entretanto, compõe também a lista dos que registram o maior índice de desperdício. De acordo com o Instituto Brasileiro de Geografia e Estatística (IBGE), somente 79% da população brasileira tem acesso à água tratada.

Tratamento do esgoto

Do mesmo modo que depois da captação da água devemos tratá-la antes do seu consumo, temos obrigação de tratar nosso esgoto antes de devolver essa água para os rios.

O esgoto pode ter diferentes origens: esgoto doméstico, esgoto industrial, esgoto de área comercial (shoppings, hotéis, aeroportos, teatros), esgoto de área pública (universidades, hospitais, penitenciárias) etc.

Os esgotos contêm dejetos ou impurezas de natureza física (partículas sólidas insolúveis, elevação da temperatura), química (compostos tóxicos, metais pesados, agrotóxicos) e biológica (vírus, bactérias, protozoários, ovos de vermes).

Portanto, além dos problemas de saúde que tudo isso pode provocar, é fundamental tratar os esgotos para preservarmos o meio ambiente e evitar novos problemas.

Se muito lixo orgânico é jogado na água, como restos de alimentos, fezes e outros despejos que sofrem ação decompositora de bactérias (matéria biodegradável), o oxigênio tende a ser esgotado dentro da água, devido à intensa proliferação dos microrganismos decompositores. Tal fato acaba provocando a morte por asfixia dos organismos aeróbios, principalmente peixes. Isso se chama eutrofização.

Quando uma grande quantidade de nutrientes alcança a água,

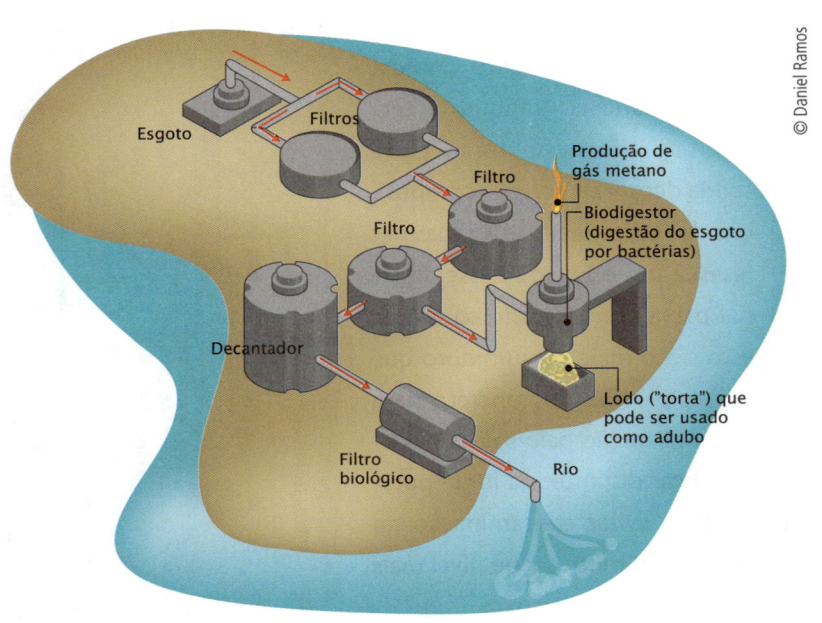

Esquema simplificado de uma estação de tratamento de esgoto.

ocorre uma forte "adubação" do meio, provocando a multiplicação exagerada de algas microscópicas e tingindo de verde a água de uma represa que, mesmo sendo processada numa estação de tratamento, chega às nossas casas com cheiro e sabor desagradáveis. Este fenômeno é a floração das águas.

O tratamento do esgoto é feito em estações complexas para evitar que a água devolvida à natureza não diminua a qualidade dos mananciais.

Apenas metade da população do país tem tratamento de água e de esgotos e, como se isso não bastasse, nos congestionados centros urbanos existem muitos condomínios que lançam, nos rios ou na zona litorânea, esgotos clandestinos.

Bactérias coliformes vivem no nosso intestino sem parasitá-lo e não se reproduzem fora do corpo. Quando encontradas na água, comprovam a presença de fezes humanas no meio. Pelo Conselho Nacional do Meio Ambiente (Conama), a partir de mil células da bactéria *Escherichia coli* por 100 mL de água, o local é proibitivo (1 litro = 1000 mililitros ou mL).

Você sabia?

Quando não há rede de esgoto, a água utilizada é transportada para fossas, que são cavidade feitas no solo.

Fossa seca: buraco de mais ou menos 3 metros de profundidade e um metro de diâmetro, onde são lançados as fezes e a urina. Ela não deve ser muito funda para não contaminar o lençol de água subterrâneo. Deve ser tampada e fica abrigada numa casinha de madeira.

Fossa séptica: o esgoto doméstico é levado em tanques enterrados no solo, nessa fossa a parte sólida decanta e sofre decomposição das bactérias encontradas nas fezes, a parte líquida desse material passa por um cano para uma escavação maior, o sumidoro que possui paredes de concreto para evitar absorção pelo solo. Elas devem ficar distantes da fonte potável para evitar contaminação no mínimo 30 metros e no nível mais baixo do terreno abaixo.

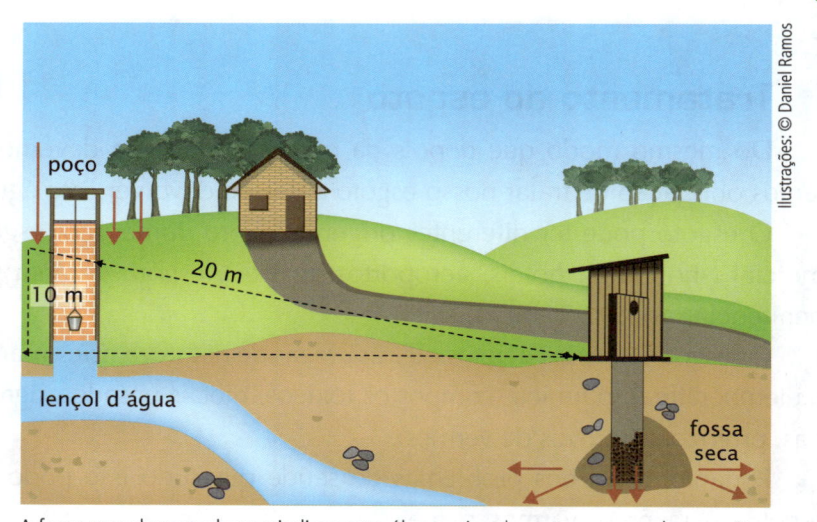

A fossa seca deve receber periodicamente óleo queimado ou terra com cal para evitar mau cheiro e desenvolvimento de insetos. Os dejetos são decompostos por bactérias.

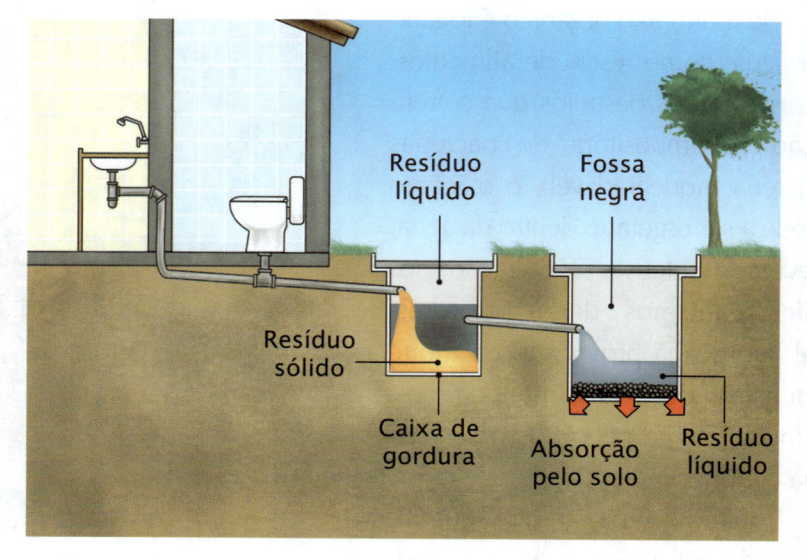

ATIVIDADES

1

a) Na cadeia alimentar:

vegetal → besouro → sapo → cobra → gavião

Qual componente apresentaria maior quantidade de pesticida em seu organismo, caso na comunidade tivesse sido usado um agrotóxico para combater uma praga? Justifique.

_____

_____

_____

b) O que é biodegradável?

_____

2 Coloque (V) para as doenças causadas por vírus, (B) para as doenças causadas por bactérias e (P) para as doenças causadas por protozoários, todas adquiridas por contato direto ou indireto com a água não tratada ou pela falta de saneamento básico ou de higiene.

poliomielite ( )   cólera   ( )

leptospirose ( )   giardíase   ( )

amebíase   ( )   salmonelose   ( )

hepatite A ( )   febre tifoide ( )

3 Procure o significado das seguintes palavras: **agente etiológico, vetor, infecção, infestação, surto, endemia, epidemia, pandemia, profilaxia**.

_____

_____

_____

_____

_____

_____

_____

_____

4 Complete a segunda coluna com os algarismos romanos da primeira coluna.

I – poliomielite ( ) Perdemos glóbulos vermelhos do intestino grosso e o parasita pode chegar até os pulmões e o cérebro, onde causam abscessos.

II – ascaridíase ( ) Verminose adquirida por ingestão dos ovos do verme com alimentos mal lavados.

III – leptospirose ( ) Doença cujo veículo para o parasita é a urina do rato, e sua incidência aumenta na época de enchentes.

IV – amebíase ( ) O mesmo que paralisia infantil.

5 A esquitossomose ainda é uma doença que causa mortalidade em nosso país. Uma análise publicada em 2007 dá um levantamento das mortes causadas pela doença nos períodos de 1986 a 2003. Nesse período foram registrados 14.463 óbitos pela doença. O estudo também analisou as regiões onde ocorreram os óbitos, conforme mostra o gráfico a seguir.

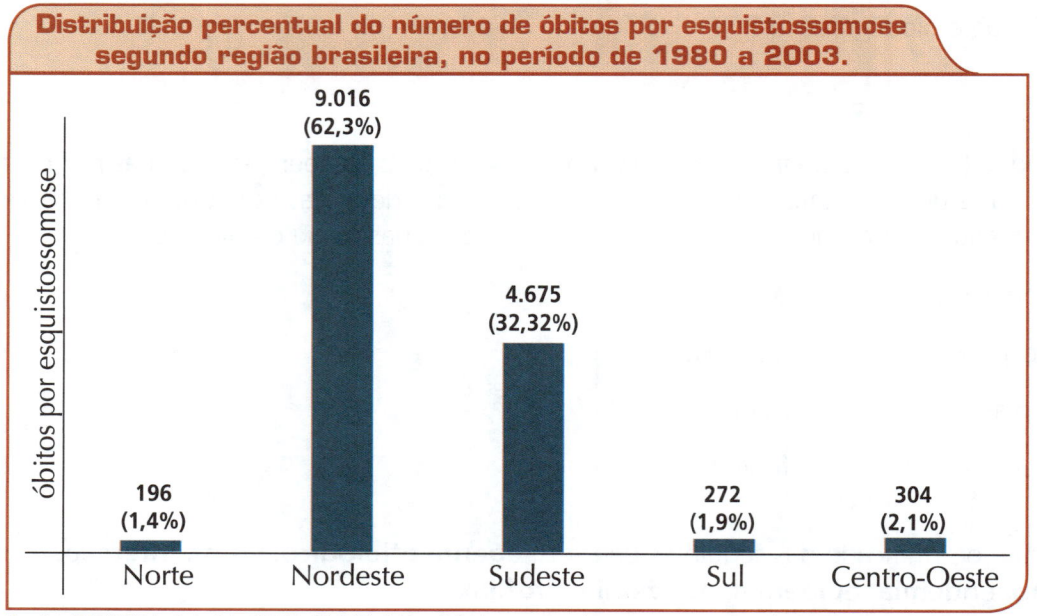

Distribuição percentual do número de óbitos por esquistossomose segundo região brasileira, no período de 1980 a 2003.

Região	Óbitos	Percentual
Norte	196	1,4%
Nordeste	9.016	62,3%
Sudeste	4.675	32,32%
Sul	272	1,9%
Centro-Oeste	304	2,1%

Fonte: FERREIRA, I. L. M.; SILVA, T. P. T., Mortalidade por esquistossomose no Brasil : 1980-2003. *Revista de Patologia Tropical*. Vol. 36 (1): 67-74. jan.-abr. 2007, P. 67-74.

Caso você fosse estabelecer um plano para combate da doença no país, em quais regiões brasileiras ele deveria ser aplicado imediatamente. Justifique.

6 Responda.

a) Cite dois processos de purificação da água que podemos utilizar em nossa residência.

b) Por que depois de fervida a água adquire sabor desagradável?

c) Onde são utilizados os filtros de areia, papel, carvão e lã de vidro?

d) O que é um filtro de ozônio?

7 Os antigos egípcios armazenavam a água em grandes vasos ou potes de barro, que ficavam em absoluto repouso durante um período, no alto das paredes, sendo a água daí retirada para consumo por meio de longos tubos. Esse hábito corresponde a qual etapa do tratamento de água em uma ETA (Estação de tratamento de água)? Esse procedimento torna a água própria para beber? Justifique.

8 Qual a importancia do tratamento de esgotos para a saúde da população?

95

9 Como podemos obter água destilada? Qual o uso dessa água?

_____
_____
_____

10 Explique o fenômeno da eutrofização.

_____
_____
_____
_____
_____
_____
_____

11 Por que devemos construir fossas secas longe dos poços?

_____
_____
_____
_____
_____

12 Os coliformes fecais são utilizados como indicadores da qualidade de água. Para isso, mede-se o número aproximado de coliformes por unidade de volume. Se o número de coliformes por unidade de volume encontra-se acima de um determinado limite, a água é considerada imprópria para consumo ou para o banho.
Explique como a quantidade de coliformes fecais pode indicar a qualidade da água.

_____
_____
_____
_____
_____
_____

13 Usando seus conhecimentos sobre o tratamento de água, responda as questões observando o esquema:

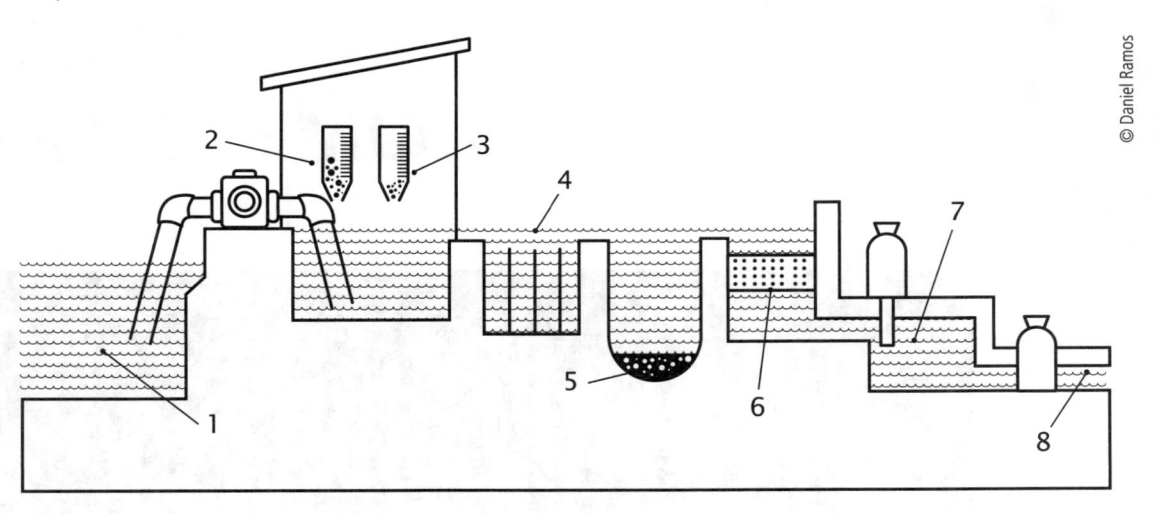

a) Dê o nome:

2 _____

4 _____

6 _____

b) Pintar de vermelho o tanque de floculação e colocar dois floculadores.

c) Dê a função:

cloro

_____
_____

cal

_____
_____

flúor

_____
_____

d) Dê o número dos processos:

adição de cal _____

decantação dos flocos _____

fluoretação _____

97

Capítulo 11

A ATMOSFERA: ESTRUTURA E COMPOSIÇÃO

Determinadas imagens da Terra, como a mostrada acima, nos deixam com a clara impressão de que o planeta está de fato envolvido por uma camada de gases. Essa camada é a atmosfera. Você sabe quais são os seus principais componentes? Será que a sua composição química sempre foi a mesma?

O ar atmosférico é uma mistura, contendo, entre outras coisas, três tipos de gases: nitrogênio (N_2), oxigênio (O_2) e dióxido de carbono (CO_2). Contém ainda partículas em suspensão e uma quantidade variável de vapor de água.

A composição química mudou muito desde os primórdios do planeta, principalmente após o surgimento da fotossíntese, que passou a liberar oxigênio, um gás até então inexistente na atmosfera.

Como já foi dito, a atmosfera é o oceano de gases que envolve a Terra.

O ar atmosférico é uma mistura, contendo, entre outras coisas, três tipos de gases: nitrogênio (N_2), oxigênio (O_2) e dióxido de carbono (CO_2). A tabela a seguir apresenta um resumo da composição química da atmosfera:

Composição da atmosfera, em percentual de material encontrado em amostras de ar seco	
Componentes	%
Nitrogênio	78,08
Oxigênio	20,95
Argônio	0,934
Dióxido de carbono	0,033
Hidrogênio	0,03
Hélio	0,03
Ozônio	0,03
Outros gases nobres	0,03
Água	Variável

Fonte: REICHARDT, Klaus & TIMM, Luís C. Solo, planta e atmosfera. São Paulo: Manole, 2004.

A atmosfera, que envolve a Terra até uma altitude máxima de 1 000 km, exibe uma estrutura vertical bem-definida, na qual é costume identificar uma sucessão de camadas sobrepostas: troposfera, estratosfera, mesosfera e termosfera (ou ionosfera), além da exosfera.

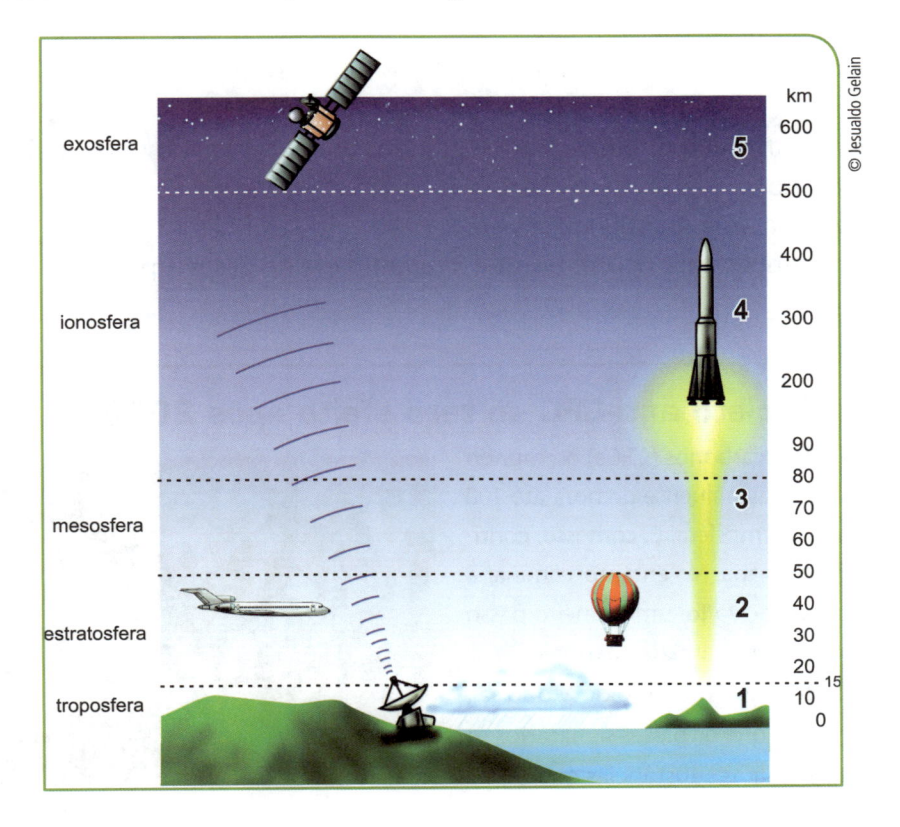

99

As camadas da atmosfera

Troposfera

É a camada onde vivemos.

Ela começa no solo e atinge mais ou menos 15 quilômetros de altitude.

Nela ocorrem os **fenômenos meteorológicos**, como chuvas, raios, temporais, nuvens, ventos, frentes frias etc.

Estratosfera

Ela alcança mais ou menos 50 quilômetros de altitude, a partir do limite da troposfera.

É onde trafegam os aviões a jato.

Nessa camada o oxigênio é rarefeito, está presente em pequena quantidade; porém, aí a concentração de **ozônio**, gás formado de três átomos de oxigênio (O_3), é alta.

Esta camada de ozônio filtra os raios ultravioletas do Sol, protegendo a nossa pele. O excesso desses raios causa danos à pele, inclusive vários tipos de câncer, como melanoma.

Mesosfera

É a camada mais fria da atmosfera e localiza-se entre a estratosfera e a termosfera.

Termosfera

Camada carregada de eletricidade. É onde ocorre a propagação das ondas de rádio.

Estende-se mais ou menos de 80 km até 500 km. Apresenta temperatura elevada, sendo por isso chamada de termosfera.

Exosfera

Também é denominada camada hidrogenada, pois encontramos grandes quantidades de hidrogênio.

Nessa camada, a variação da temperatura é grande, isto é, durante o dia é muito quente e durante a noite é muito frio.

Camada localizada acima de 500 km.

Essa variação de temperatura ocorre porque a quantidade de gases é pequena.

Você sabia?

Projeto anti-CFC só terá efeito após 2050

A produção dos clorofluorcarbonos (CFCs) no mundo foi proibida, porém este gás poluente demora até 100 anos para se dissipar na atmosfera. E, com isso, continua afetando a saúde humana. No entanto, eliminar a fabricação deste agente nocivo foi um primeiro passo fundamental para recuperar a camada de ozônio.

Os países que pertencem ao Protocolo de Montreal, tratado internacional em que os países signatários se comprometem a substituir as substâncias que se

© Olly – Shutterstock

demonstrou estarem reagindo com o ozônio (O$_3$) na parte superior da estratosfera, comemoram a diminuição de gases nocivos liberados à atmosfera.

O poder destrutivo dos clorofluorcarbonos em relação ao ozônio é alarmante: cada molécula de CFC pode destruir até 3 000 moléculas de O$_3$. Atualmente, o chamado "buraco na camada de ozônio" tem o tamanho da América do Norte.

O Dia Internacional para a Preservação da Camada de Ozônio é comemorado em 16 de setembro, data que teve início a adesão dos países que se comprometeram em não mais produzir CFC.

O Ar

O ar ocupa lugar no espaço, mas não conseguimos vê-lo nem pegá-lo. Para provar sua existência é só realizar o seguinte experimento: pegue um funil grande, uma bexiga grande, uma bacia e água.

Encha a bacia com a água e coloque a abertura da bexiga na parte mais fina do funil, mergulhando a parte mais larga na água.

Você pode observar que a bexiga encheu. Por quê? O ar que não víamos, mas que estava no funil, foi para a bexiga, pois quando o funil foi mergulhado a água empurrou o ar para dentro da bexiga.

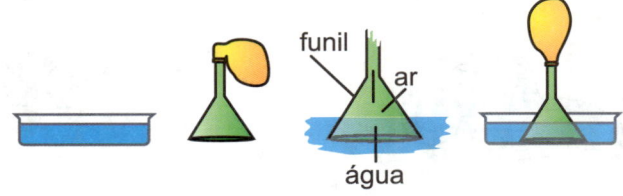

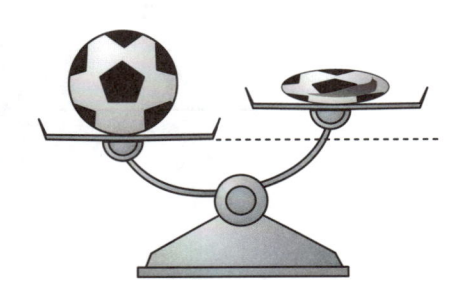

Se o ar existe e ocupa lugar no espaço, ele tem massa. Para provar, basta pegar uma bola de futebol vazia e uma cheia e colocá-las numa balança.

Você pode observar que a bola cheia desloca mais o prato da balança do que a vazia. Logo, a bola cheia possui mais massa que a vazia.

A atmosfera é formada principalmente por gases, que se espalham e ocupam todos os lugares. Essa propriedade do ar recebe o nome de **expansibilidade.**

Em uma seringa descartável nova, tampamos com o dedo o orifício onde se encaixa a agulha e conseguimos pressionar o êmbolo só até um ponto. Isso ocorre porque o ar fica comprimido e impede o êmbolo de avançar. Essa propriedade recebe o nome de **compressibilidade.**

Se soltarmos o êmbolo, o ar volta a ocupar o espaço inicial. Essa propriedade recebe o nome de **elasticidade**.

Portanto, o ar se expande, pode ser comprimido e é elástico. Como consequência, o ar pode ser **comprimido** e **rarefeito**.

Ar comprimido: é o ar com pressão maior do que a pressão atmosférica. É utilizado nos compressores para encher pneus e bolas, na britadeira, nas bombas manuais, nas pistolas de pintura, na

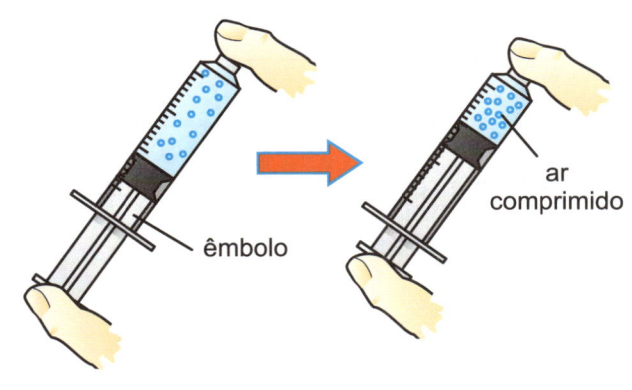

101

broca do dentista etc.

Ar rarefeito: é o ar com pressão menor do que a pressão atmosférica. É utilizado no aspirador de pó, na garrafa térmica, no raio-X, no exaustor de cozinha etc.

Ilustrações: © Jesualdo Gelain

ATIVIDADES

1) Cite três exemplos que revelem a existência do ar.

_____
_____
_____
_____

2) Faça uma comparação entre a troposfera e a estratosfera em relação ao oxigênio.

_____
_____
_____
_____
_____

3 Eduarda mora em Belo Horizonte, no estado de Minas Gerais. Ela contou à sua amiga Valentina que viajará para Curitiba, no estado do Paraná, de avião.

a) Sabendo que os voos comerciais atingem altitudes entre 9 km e 12 km, em qual camada da atmosfera Eduarda irá viajar?

_____

_____

_____

_____

b) Qual é a camada na qual ocorrem os voos dos aviões a jato?

_____

_____

c) Qual é a camada com menor quantidade de partículas de ar?

_____

_____

d) Qual é a camada que encontramos a maior concentração de gás ozônio?

_____

_____

4 Vários compostos, como o clorofluorcarbono, que exalam dos aerossóis (sprays) ou são usados em refrigeração, esburacam a camada de ozônio que envolve o planeta.

a) Qual o perigo deste fato?

_____

_____

_____

_____

b) O que você faria para evitar este problema que ocorre no mundo todo?

_____

_____

_____

_____

103

5 Observe o experimento e responda:
Foram feitos dois furos na tampa do vasilhame, coloque os dois tubos, um dos quais amarrado com uma bexiga, e feche-o.
Aspire a extremidade do tubo (A) e observe o que acontece:

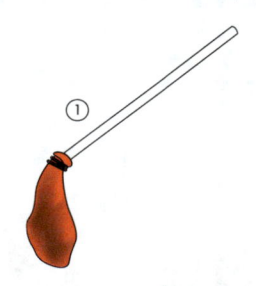

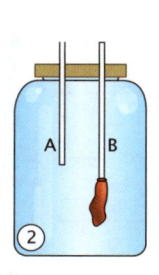

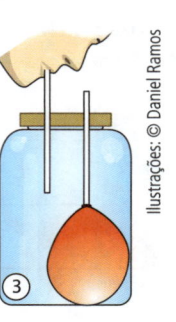

Por que a bexiga enche? Como isto pode acontecer se não estamos enchendo-a diretamente, assoprando-a com a boca?

_____

_____

6 Dê o nome da propriedade do ar que faz com que ele exerça pressão nas paredes de um recipiente.

_____

_____

7 Tente descrever o fenômeno que acontece quando você toma um refresco com um canudinho.

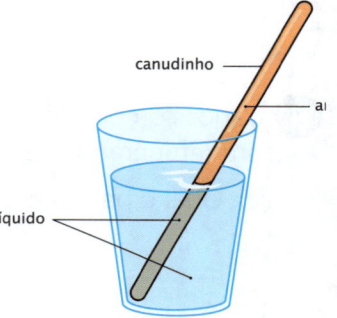

_____

_____

_____

_____

8 As figuras exemplificam as propriedades do ar. Identifique-as:

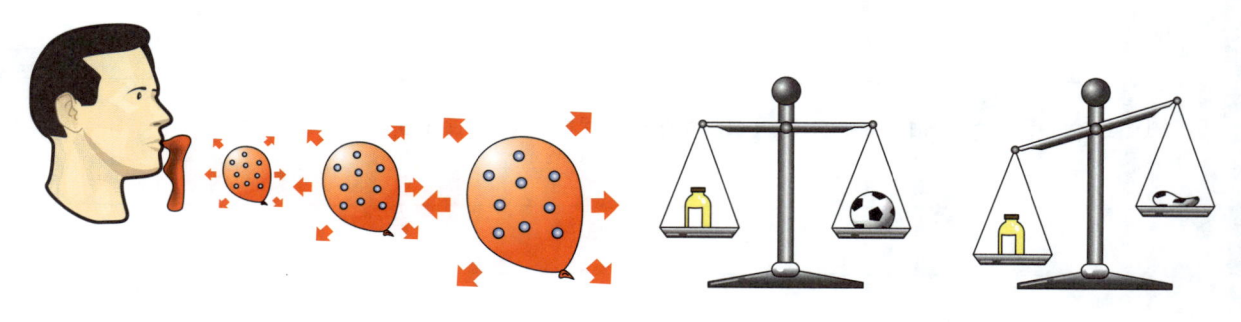

_____   _____

Propriedades físicas do ar

Uma propriedade física do ar que experimentamos todos os dias é a chamada pressão atmosférica.

A pressão atmosférica é máxima ao nível do mar e vai diminuindo à medida que ganhamos altura. Por exemplo, quando vamos para cidades montanhosas, situadas a centenas ou mesmo milhares de metros acima do nível do mar.

Você sabia?

Em 2007 a Federação Internacional das Associações de Futebol, a Fifa, declarou que os jogos das copas não podem ser disputados em cidades localizadas acima de 2 750 metros, a não ser que os times tenham tempo necessário para a aclimatação. Essa decisão foi tomada porque o desempenho dos atletas que não estão aclimatados a grandes altitudes pode ser prejudicado. Porém, em março de 2008, a Fifa ratificou as restrições em relação às partidas na altitude. De acordo com as regras, exige-se um período de adaptação de três dias para duelos acima de 2 500 metros, uma semana para embates acima de 2 750 metros e pelo menos duas semanas para estádios localizados acima de 3 000 metros. Contudo, a Fifa reconheceu que a liberação de jogadores (pelos clubes) é de quatro dias para estas partidas. Em maio de 2008 a Fifa suspendeu a proibição de partidas em altas altitudes, atendendo à pressão dos países sul-americanos. (...) O presidente da entidade anunciou que a suspensão da proibição é temporária. Nas altitudes elevadas os problemas clínicos que podem ocorrer são complicações cardíacas, mesmo com a pessoa em repouso, redução do apetite e consumo alimentar, cefaleia, náuseas, vômitos, dispneia (dificuldade respiratória), desequilíbrio no padrão respiratório e insônia começam nas primeiras horas após a chegada na altitude elevada. Outros sintomas mais graves (letais) como o edema pulmonar (acúmulo líquido no pulmão).

Medindo a pressão

O barômetro é um aparelho que mede a pressão atmosférica.

Evangelista Torricelli (1608-1647), cientista italiano, demonstrou a existência da pressão atmosférica e ainda calculou o seu valor.

Em 1643, realizou o seguinte experimento: colocou mercúrio, metal que na temperatura ambiente é líquido, num tubo de vidro de um metro de altura. Numa cuba também com mercúrio, mergulhou o tubo. Percebeu que o mercúrio descia na cuba, mas parava no nível que correspondia a 76 cm.

O mercúrio não descia todo porque a pressão atmosférica que agia sobre o mercúrio da cuba segurava-o naquele nível.

O experimento foi realizado ao nível do mar e ficou estabelecido que a pressão atmosférica neste local é de 76 centímetros. Esse valor pode variar, por exemplo, com a umidade do ar, altitude etc.

- A cada 100 metros de altitude, a coluna de mercúrio diminui 1 centímetro.

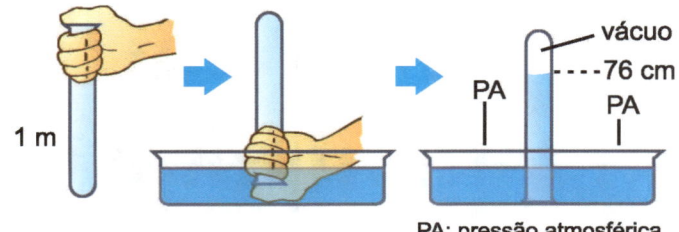

PA: pressão atmosférica

105

Você sabia?

A mudança de pressão atmosférica causa uma sensação de desconforto na nossa orelha. Quando descemos a serra para a praia ou subimos a serra para a montanha, ouvimos mal, como se alguma coisa estivesse tampando a orelha, sentimos uma leve dor, pressão. O mesmo ocorre quando realizamos uma viagem de avião. Essa sensação ocorre devido ao desequilíbrio momentâneo entre a pressão que existe dentro do seu corpo e do ambiente, em que houve alteração.

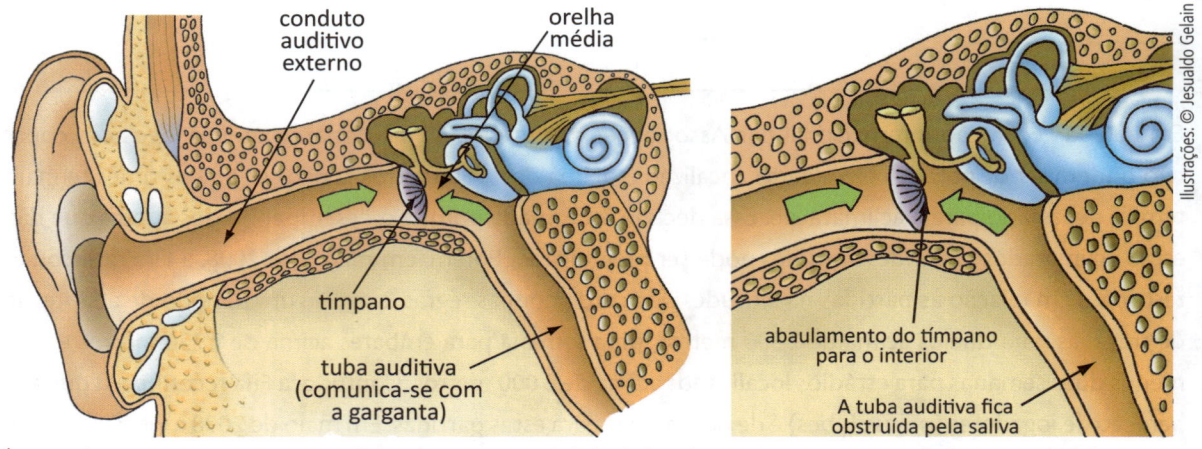

À esquerda, esquema que mostra o equilíbrio entre a pressão do lado de fora do tímpano e a pressão atrás do tímpano. E à direita, esquema na orelha quando se desce uma serra: a pressão atmosférica aumenta. (Representação sem escala, cores artificiais.)

Pressão atmosférica e vaporização

A vaporização é mais fácil à medida que a pressão atmosférica diminui.

Ao nível do mar, onde a pressão é maior, a água ferve a 100 °C.

Na cidade de São Paulo, situada numa altitude de 700 metros, onde a pressão é menor, ela ferve numa temperatura próxima a 98 °C.

Como a pressão atmosférica atua na superfície do líquido, ela influencia na vaporização.

A temperatura de ebulição sofre elevação com o aumento da pressão. Ao nível do mar, a pressão é metade daquela encontrada numa panela de pressão, por isso o cozimento é mais rápido, pois a água nesta panela ferve a 120 °C.

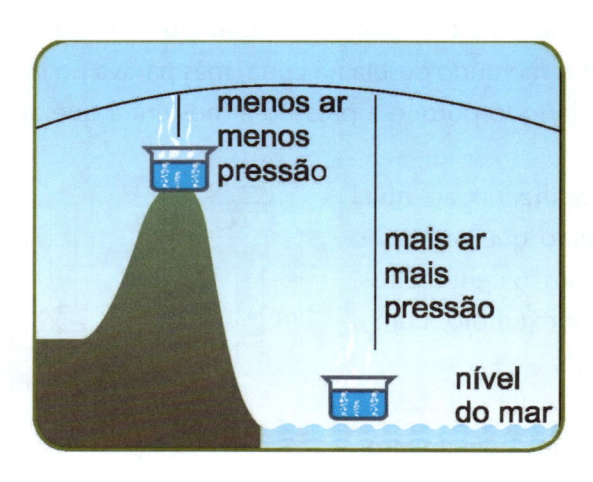

ATIVIDADES

1 Observe as imagens e responda:

Em qual das situações apresentadas a pressão atmosférica é maior? Justifique.

A ( )

B ( )

_____
_____
_____
_____

2 Três amigos resolveram escalar uma montanha. Cada um deles levou um barômetro. Após um determinado tempo o barômetro de Carlo registrava 68 cm, o de Pedro registrava 73 cm e o de Felipe registrava 62 cm.

a) Quem escalou maior altitude? Justifique.

_____
_____
_____
_____

b) Qual a altitude escalada pelos outros dois amigos?

_____
_____
_____

3 Observe as duas figuras e pinte aquela em que há um erro. Qual o erro que você encontrou? Explique.

água fervendo (100º C)

água fervendo (105º C)

_____
_____
_____
_____
_____

Composição química do ar

A atmosfera, como foi dito antes, é um oceano de gases. Além de gases, o ar transporta uma ampla variedade de materiais em suspensão, como poeira, microrganismos, grãos de pólen, fuligem etc., os quais, no entanto, não fazem propriamente parte da composição química da atmosfera. Alguns elementos que compõem a atmosfera são vitais para os seres vivos como oxigênio, gás carbônico e hidrogênio. Vamos estudá-los

Oxigênio

O oxigênio é um gás encontrado na atmosfera num volume de 21% em cada 100 litros de ar. A fórmula química do oxigênio é O_2.

Ele é um gás comburente, isto é, alimenta a **combustão** ou **queima**.

Sem oxigênio não há fogo.

A vela fica acesa porque o oxigênio alimenta a chama; o combustível é a parafina da vela.

Quase todos os seres vivos utilizam o oxigênio na respiração e liberam energia para suas atividades.

Os animais podem retirar oxigênio do ar de várias maneiras.

Muitos animais terrestres, inclusive o homem, absorvem o oxigênio através dos pulmões.

Nas minhocas e nos sapos adultos, o oxigênio é absorvido pela pele, que é fina, se bem que os sapos adultos também respiram por pulmões.

Muitos animais aquáticos utilizam as brânquias para retirar o oxigênio dissolvido na água, a qual também contém o CO_2 (gás carbônico).

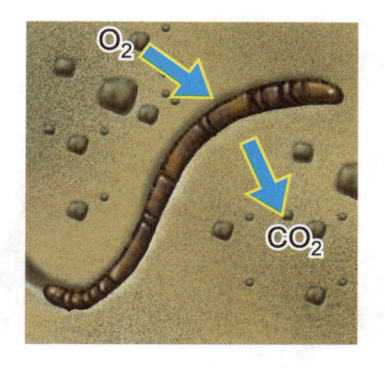

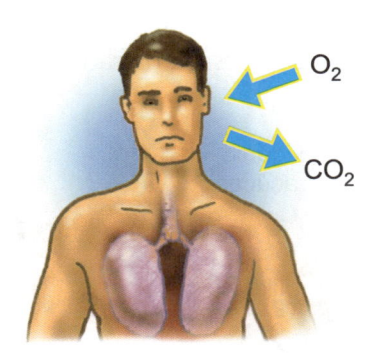

Os vegetais aquáticos ou terrestres absorvem o oxigênio por estruturas microscópicas, isto é, não observadas a olho nu, encontradas na epiderme da folha, os **estômatos**.

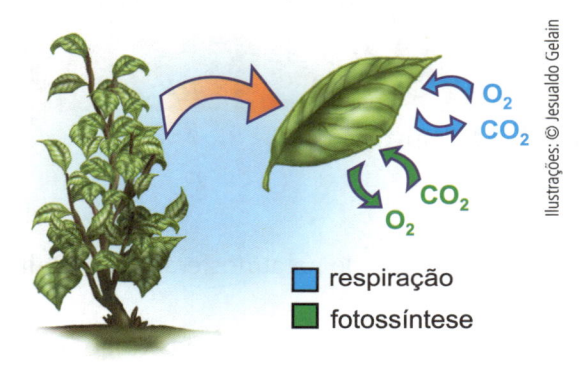

Também ocorre liberação de oxigênio para a atmosfera pelo processo de fotossíntese realizado por plantas e alguns microrganismos.

Gás carbônico

É encontrado numa proporção muito pequena: em 100 litros de ar apenas 0,04% é de gás carbônico.

A fórmula química do gás carbônico é CO_2.

Animais eliminam gás carbônico durante a respiração, mas nas combustões ou queimas também ocorre sua eliminação. Ele é utilizado nos extintores de incêndio, nos refrigerantes e na água gasosa.

Os vegetais eliminam, assim como os animais, gás carbônico na respiração, que ocorre durante vinte e quatro horas por dia.

Na fotossíntese, que se inicia com o estímulo da luz, o vegetal elimina oxigênio, porém absorve o gás carbônico e necessita da radiação solar durante o processo.

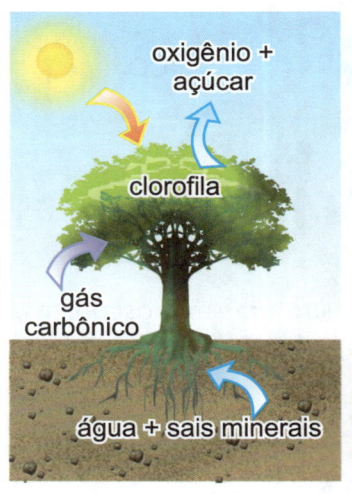

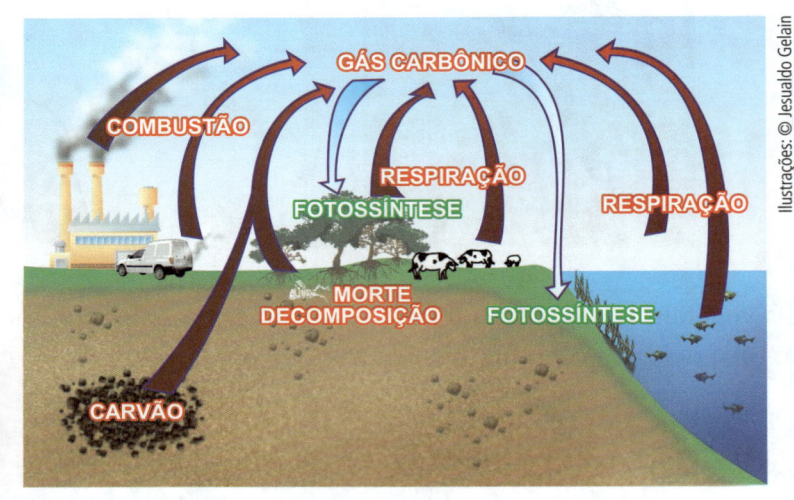

Esquema do processo da fotossíntese. Ciclo do gás carbônico.

Nitrogênio

É um gás encontrado em maior quantidade na atmosfera: em 100 litros, 78% são de nitrogênio. O símbolo do nitrogênio é N_2.

Esse gás quase não se combina com outras substâncias; logo, ele entra e sai dos organismos animais e vegetais sem alterações.

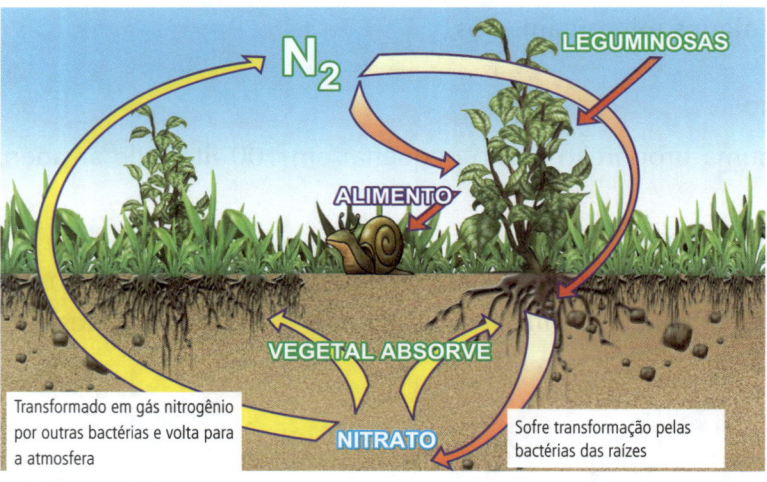

Ciclo do nitrogênio.

Algumas bactérias e algas azuis, as cianobactérias, são capazes de absorver o nitrogênio e transformá-lo em sais de nitrogênio, os nitratos.

Esses organismos vivem no ar, no solo e nas raízes de plantas leguminosas (soja, feijão, ervilha, amendoim, lentilha, grão-de-bico).

O solo torna-se rico em nitratos e, a partir desses nitratos, os vegetais produzem outras substâncias. Os animais conseguem essas substâncias alimentando-se de vegetais.

O nitrogênio faz parte das moléculas de aminoácidos, os quais entram, por sua vez, na composição de proteínas, tão importantes para nós.

Outros gases e materiais

O ar atmosférico contém ainda uma série de gases nobres, como argônio, hélio e xenônio, que juntos são encontrados numa proporção menor que 1% em 100 litros de ar.

O termo "gases nobres" faz alusão ao fato de que os átomos desses elementos são quimicamente estáveis e, por isso, dificilmente se combinam com outros átomos.

O vapor de água encontrado na atmosfera está "de passagem" e a quantidade presente depende muito da proximidade de corpos de água e do nível de atividades dos seres vivos.

Por fim, encontramos ainda gases tóxicos, como monóxido de carbono e dióxido de enxofre, além de uma profusão de partículas em suspensão, muitas das quais provenientes de atividades humanas (agricultura, fábricas, automóveis, aviões etc.).

- **Argônio**: usado em lâmpadas incandescentes comuns.

- **Hélio**: usado em balões dirigíveis e de brinquedo.

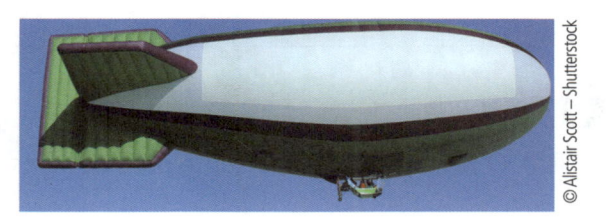

- **Xenônio**: usado no *flash* de máquinas fotográficas.

- **Neônio**: usado em letreiros luminosos produzindo luz vermelha e alaranjada.

ATIVIDADES

1. Em um litro de ar, qual seria a proporção teórica dos seus componentes?

_____

_____

_____

111

2 A quantidade ou volume de oxigênio é o mesmo em todas as camadas da atmosfera?

_____
_____
_____

3 Cite duas utilidades do gás carbônico.

_____
_____
_____

4 O que são gases nobres?

_____
_____

5 Responda:

a) O nitrogênio é importante para os seres vivos produzirem quais tipos de moléculas?

_____
_____

b) Explique como o nitrogênio do ar pode ser incorporado ao nosso corpo e ao corpo de um vegetal.

_____
_____

6 Cite três maneiras pelas quais o gás carbônico é lançado na atmosfera.

_____
_____
_____

7 Se você levasse uma vela e um fósforo numa viagem à Lua, onde não existe atmosfera, conseguiria acendê-la? Justifique.

_____
_____
_____

Capítulo 2
Vento e Meteorologia

Informações confiáveis sobre o tempo meteorológico são importantes, tanto para os moradores das cidades como para os da zona rural.

Observando a tirinha você saberia identificar o absurdo que há na situação descrita e, ao mesmo tempo, o que a torna tão engraçada?

A ideia de que o serviço de meteorologia pode fazer previsões específicas para uma área tão pequena como a que é ocupada por uma única casa só pode ocorrer na ficção, não na realidade.

"Tempo atmosférico" (ou simplesmente "tempo") é uma expressão usada em alusão às condições atmosféricas vigentes em uma dada região durante um breve período de tempo cronológico, como horas, dias ou semanas. O estudo do tempo é tarefa da meteorologia, ciência que investiga os fenômenos atmosféricos, como a estrutura física, a dinâmica e a composição química da atmosfera.

O termo "clima" é usado para se referir a uma síntese das condições atmosféricas vigentes em determinada região durante períodos de tempo prolongados, como anos, décadas ou séculos. O estudo do clima é tarefa da climatologia, ciência que investiga os padrões de tempo atmosférico existentes em nosso planeta.

Descobrir quais são as chances de que haja chuva ou sol no próximo fim de semana é um problema de meteorologia. Saber o que acontece com o tempo meteorológico ao longo do ano em determinada região é uma questão de climatologia. Tanto uma como a outra dependem dos dados obtidos em estações meteorológicas.

113

Vento

O ar na atmosfera está geralmente em movimento. Muitas vezes esse movimento é tão pequeno que dificilmente percebemos.

A superfície terrestre é aquecida pelo Sol, assim como o ar que está à nossa volta. Uma vez aquecido, o ar torna-se menos denso, porque as partículas que formam os gases se afastam mais umas das outras.

O ar menos denso ou rarefeito sobe. No seu lugar fica o ar frio, mais denso, que desceu das camadas superiores. Estes são os ventos verticais.

Os ventos horizontais são formados quando a massa de ar próxima à superfície sofre aquecimento, eleva-se e seu lugar é ocupado por massas mais frias que se encontram ao lado.

Esses movimentos contínuos dão origem aos ventos.

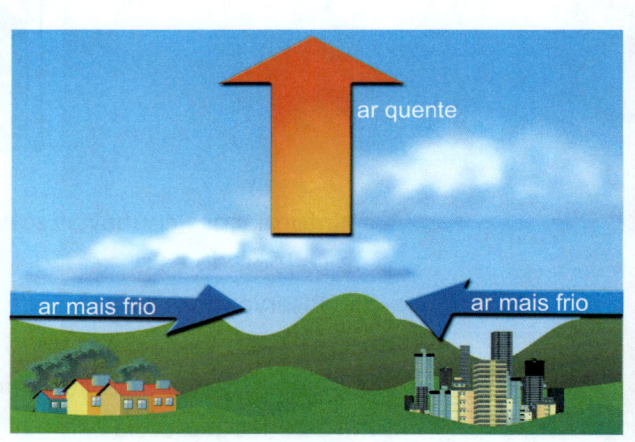

Tipos de ventos

Os ventos são classificados segundo alguns fatores: pressão, temperatura e velocidade da camada do ar.

- **Brisa**: vento muito fraco, utilizado por embarcações à vela. Ocorre nas regiões à beira-mar.

  Temos 2 tipos de brisas:

- **Brisa marítima**: ocorre durante o dia.

  O Sol aquece a água do mar e a Terra. Como a Terra se aquece mais rapidamente, o ar acima dela logo fica aquecido, e esse ar mais quente sobe.

  O ar frio que está sobre o mar se desloca em direção à Terra, ocupando o lugar do ar quente que subiu.

  Esse ar frio se aquece e sobe também, repetindo o processo.

  Temos, desse modo, uma corrente de ar no sentido do mar para a Terra.

114

- **Brisa terrestre**: ocorre durante a noite.

    Ao contrário do dia, a superfície terrestre à noite se resfria muito mais rapidamente do que a água do mar. O ar sobre o mar está mais aquecido e sobe.

    O ar frio da Terra se desloca para o mar, ocupando o lugar do ar quente que subiu.

    Esse ar frio se aquece e sobe também, repetindo o processo.

    Temos, desse modo, uma corrente de ar no sentido da Terra para o mar.

    Pescadores com barco à vela saem para o mar à noite para pescar porque utilizam a brisa terrestre; para retornar, utilizam a brisa marítima.

- **Ventos alísios**: têm velocidade que favorece o deslocamento das embarcações à vela.

- **Ciclones**: correntes de ar que se movimentam em espiral. Atingem velocidades de até 100 km/h e podem destruir casas e plantações.

- **Tufões ou furacões**: formam grandes redemoinhos e podem passar de 300 km/h.

    São capazes de destruir cidades inteiras e de desabrigar milhares de pessoas. Eles têm início quando o ar úmido e quente sobre os oceanos é aquecido ainda mais pelos raios solares.

No olho do furacão uma grande corrente de ar quente e úmido sobe em espiral e se condensa em chuva.

Estações Meteorológicas

Os meteorologistas fazem as previsões do tempo estudando dados sobre o comportamento de massas de ar, as frentes frias ou quentes, a pressão atmosférica, a umidade do ar, a temperatura ambiente etc. Como foi dito antes, esse dados são obtidos em estações meteorológicas.

No Brasil, o Instituto Nacional de Meteorologia (Inmet), do Ministério da Agricultura, é o órgão oficial responsável pela coleta e processamento dos dados obtidos em estações meteorológicas.

O Inmet opera vários tipos de estações, incluindo algumas radiossondas, em balões, e estações em alto-mar. A maioria delas, no entanto, é do tipo estação de superfície, sejam elas convencionais ou automáticas. Uma estação é chamada de convencional quando a coleta de dados depende da presença de um observador humano; na estação automática, o registro é feito por uma máquina.

Aparelhos meteorológicos

- **Termômetro**: mede a temperatura do ambiente. Costuma-se medir as temperaturas máximas e mínimas que ocorrem durante o dia. Essa medição é realizada com o **termômetro de máxima** e **mínima**.

- **Anemômetro**: mede a velocidade dos ventos.

- **Anemoscópio e biruta**: determinam a direção dos ventos.

A velocidade dos ventos permite calcular com que rapidez a frente de massa de ar irá atingir certa região. Por exemplo: a cidade de São Paulo deverá ser atingida por uma frente fria dentro de 12 horas.

A direção dos ventos pode indicar de onde as massas de ar chegarão numa região; além da sua origem, permite conhecer suas características. Por exemplo: ar frio do Sul. O anemoscópio e a biruta são encontradas nos aeroportos e heliportos.

- **Pluviômetro**: mede a quantidade de chuvas.

- **Higrômetro**: mede a umidade do ar.

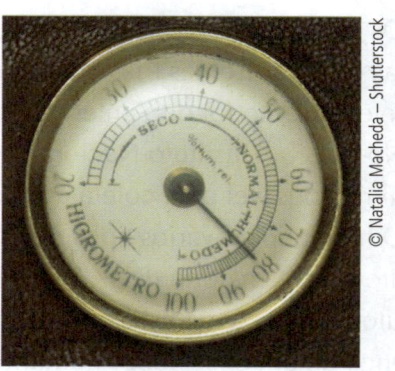

116

- **Hidrômetro**: mede o consumo de água numa residência.

- **Barômetro**: mede a pressão atmosférica.

Chuvas

Quando há uma frente fria, isto é, o encontro de uma massa de ar frio com uma massa de ar quente, provavelmente o tempo se tornará chuvoso.

O ar úmido costuma indicar tempo chuvoso, principalmente se a pressão atmosférica diminuir bastante, deixando de sustentar as gotas de água que se formaram por evaporação da água de superfície, agora condensada no interior das nuvens.

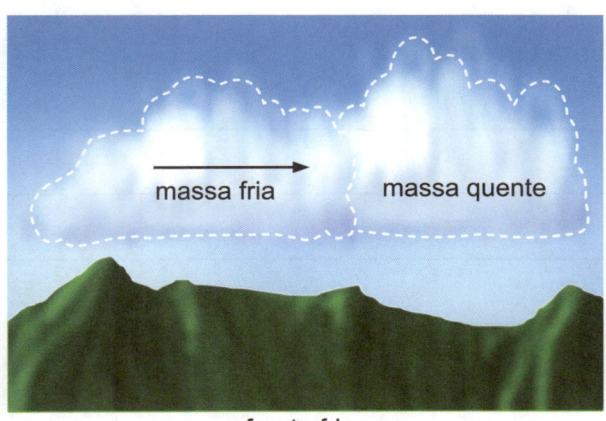

frente fria

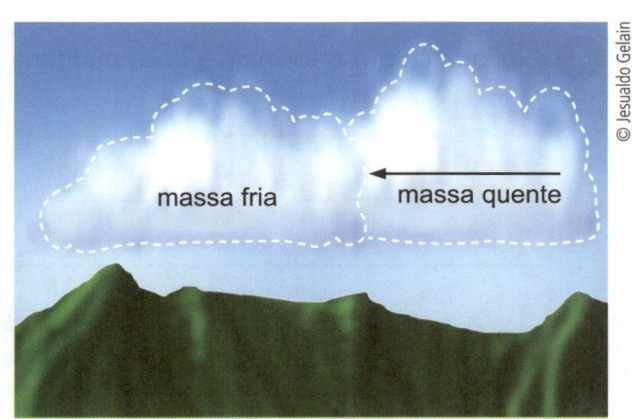

frente quente

O aumento da pressão atmosférica indica tempo bom.

Com o advento dos satélites meteorológicos, ficou cada vez mais fácil obter dados a respeito da atmosfera. Isso, no entanto, de modo algum suprime a necessidade de se manter em funcionamento uma rede de estações de superfície. Os dados obtidos em uma estação são organizados em séries históricas. Alguns países possuem séries históricas ininterruptas com mais de um século de duração. As séries históricas para a temperatura do ar em certas cidades da Inglaterra, por exemplo, retrocedem até meados do século XVII, enquanto as séries históricas para a pluviosidade retrocedem até meados do século XVIII.

ATIVIDADES

1 Por que, ao ser aquecido, o ar sobe?

2 Defina vento. Como ele se forma?

3 Por que venta durante a tarde e durante a noite na praia?

4 Explique como se formam a brisa marítima e a brisa terrestre.

5 Explique por que chove, referindo-se à umidade do ar e à pressão atmosférica.

6 A galinha que muda de cor.

Certas substâncias mudam de cor com a água. Um exemplo é o cloreto de cobalto que os químicos usam nos laboratórios. O cloreto de cobalto é um pó azul forte quando está bem seco e cor de rosa quando está úmido. Podemos usar esta substância para construir um aparelho meteorológico, isto é, um aparelho que nos diz se o ar está úmido ou seco. Esse aparelho é feito com duas galinhas, no qual suas asas e suas cristas possuem cobalto.

a) Qual o nome do aparelho citado no texto?

_____

_____

b) Um boletim meteorológico, refere-se a um dia no qual, a temperatura deverá ficar em torno de 20 °C e 32 °C. A umidade relativa do ar é alta e espera-se para este mês um índice pluviométrico de 220 milímetros. Pensando no texto, pinte a galinha com cobalto para identificar a umidade do ar segundo o boletim meteorológico. Justifique a sua escolha.

_____

_____

_____

_____

7 Observe a figura e responda:

a) Qual o tipo de brisa observada no desenho? Justifique.

_____

_____

119

b) Os pescadores saem à noite para pescar, pensando nos tipos de brisas, explique a afirmação:

_____
_____
_____
_____
_____
_____
_____

8 Observe as figuras e dê o nome e a função de cada um dos aparelhos meteorológicos.

a) Nome: _____

Função: _____
_____
_____

a) Nome: _____

Função: _____
_____
_____
_____

a) Nome: _____

Função: _____
_____
_____
_____

Capítulo 3
O USO E ABUSO DA ATMOSFERA

O brasileiro Alberto Santos Dumont (1873-1932) foi o primeiro homem a dirigir um avião, na França, em 23 de outubro de 1906, quando se elevou 2 a 3 metros acima do solo, numa distância de 60 metros, com o 14-Bis, avião que ele construiu.

Embora seja costume entre nós brasileiros chamar Santos Dumont de o "pai da aviação", nem todos estão de acordo com tal designação. Por exemplo, os norte-americanos atribuem tal papel aos irmãos Wilbur (1867-1912) e Orville Wright (1871-1948).

Há um pouco de verdade em cada uma das versões.

Em 1903, os irmão Wright teriam voado em um veículo mais pesado do que o ar (isto é, em um veículo que não era um balão), mas a decolagem foi impulsionada por uma força auxiliar. Em 1906, Santos Dumont foi o primeiro a pilotar uma aeronave em um lugar público e que decolou por meios próprios, sem ajuda de forças auxiliares.

Um dos mais antigos sonhos do ser humano, que é voar, só foi aperfeiçoado no início do século passado.

Conta a mitologia grega que Ícaro tentou voar com asas cujas penas eram coladas com cera e estas teriam derretido quando ele chegou próximo ao sol, fazendo-o cair.

Mas a primeira vez que o homem voou de fato foi num balão, com os irmãos Montgolfier, na França, em 1783.

Os balões são utilizados até hoje para esporte, lazer, publicidade e pesquisas meteorológicas. Alguns balões são enchidos com hélio e não hidrogênio, gases mais leves que o ar. O hélio é mais seguro porque não queima.

O hidrogênio é um gás muito inflamável e pouco usado nos balões. Foi usado nos dirigíveis até que, em 1937, um acidente muito conhecido ocorreu com o dirigível Hindenburg, que se incendiou após atravessar o oceano Atlântico, pouco antes de pousar no chão.

Dirigível moderno, com hélio, geralmente usado em publicidade.

Voo dos aviões

Durante o voo, a asa "corta" a corrente de ar em duas partes: uma passa por cima e a outra por baixo da asa.

Ambas chegam ao mesmo tempo na parte detrás do avião.

Como a asa é arredondada em cima, o ar que passa por aí possui uma velocidade maior do que as moléculas de ar que passam por baixo.

A parte de cima possui menos partículas de ar, isto é, o ar é mais rarefeito; na parte debaixo, o ar é encontrado em maior quantidade. Logo, a pressão atmosférica na parte debaixo é maior que na de cima, aplicando na asa uma força de sustentação de baixo para cima.

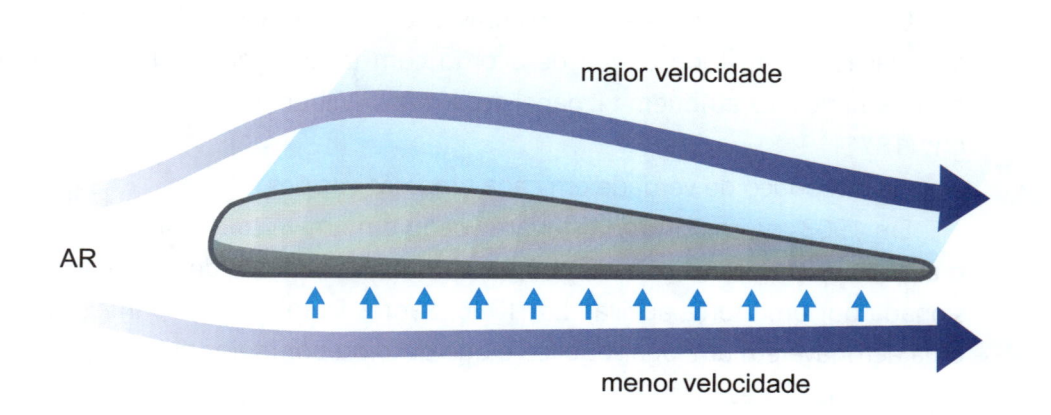

Claro que, para voar, a sustentação tem que vencer o **peso**, já que o aparelho é mais pesado do que o ar, ao contrário de uma bexiga com hélio, e deve vencer também a **resistência do ar**.

Por isso, os jatos modernos têm formas aerodinâmicas que "cortam" o ar com mais facilidade.

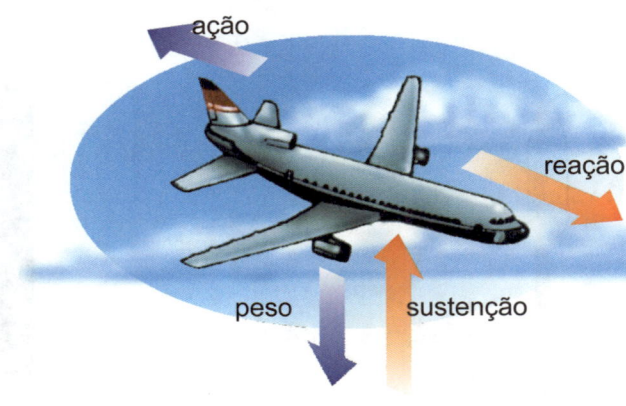

Forma aerodinâmica dos jatos modernos.

Você sabia?

Avião Solar Impulse funciona à energia solar e foi capaz de voar mais de 24 horas seguidas

Sim, mais de 24 horas seguidas incluindo o período noturno.

Durante o período diurno o avião Solar Impulse foi capaz de usar a energia solar para voar e ainda armazenar energia suficiente nas suas baterias para o período noturno. O avião, pilotado por Andre Borschberg, tem 12.000 células solares sobre as suas asas e foi capaz de voar durante cerca de 26 horas seguidas nos céus suíços.

O Solar Impulse provou que é possível usar a energia solar, uma fonte de energia limpa, para voar mesmo durante a noite. O próximo desafio desse projeto será dar a volta ao mundo usando apenas esta fonte energética.

Disponível: <http://www.guiadastecnologias.com/index/2010/07/08/aviao-solar-impulse-funciona-a-energia-solar-e-foi-capaz-de-voar-mais--de-24-horas-seguidas/>. Acesso em jul. 2010.

Foguetes

Esses veículos encontram sérios problemas para sair da atração da gravidade da Terra. Sua velocidade de escape deve ser maior do que a força de atração da gravidade terrestre, a qual "puxa" qualquer corpo em sua direção.

123

Este é o motivo pelo qual jogamos alguma coisa para cima e ela cai.

Depois que uma astronave chega ao espaço, ela não encontra mais resistência, pois não existe ar, só vácuo.

Naves do tipo módulo lunar não têm problemas de aerodinâmica, uma vez que não encontram resistência do ar.

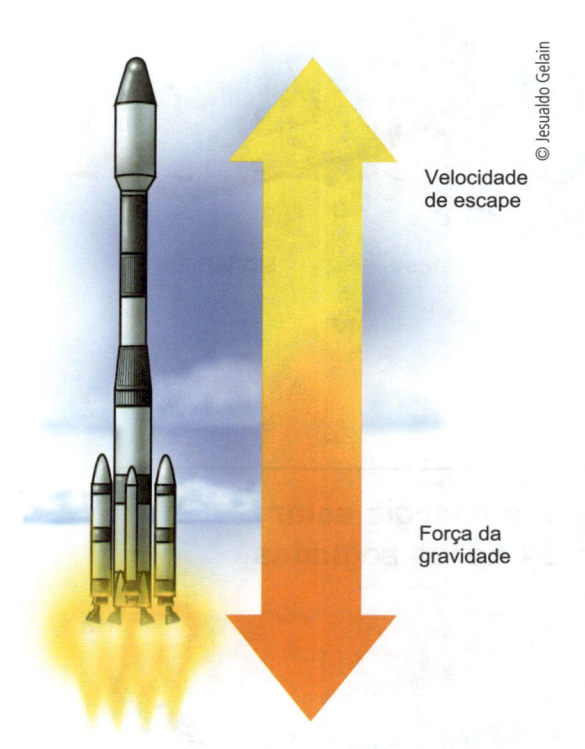

Fontes de degradação

O progresso trouxe facilidades e muito conforto, mas também é responsável pela poluição do ar.

A poluição de qualquer ambiente é um problema. Todos os dias, são lançados no ar milhões de toneladas de produtos, muitos deles inconvenientes para a saúde.

Esses produtos são provenientes das queimadas de matas, queima de combustíveis, não só dos veículos automotores, mas também das indústrias e de várias outras fontes.

Gases poluentes

Monóxido de carbono

Gás produzido na queima de combustíveis em motores de automóveis, na queima de carvão e madeira, na combustão de alguns aquecedores etc.

É um gás perigoso, pois impede o transporte de oxigênio pelos glóbulos vermelhos do sangue. Em ambientes fechados ou mal ventilados pode ser fatal.

Gás carbônico

Produzido pela respiração dos seres vivos e pela queima de combustíveis. O aumento desse gás provoca o fenômeno chamado efeito estufa, que proporciona um aumento da temperatura da Terra.

Tal fato levaria ao derretimento de parte das geleiras, a elevação do nível dos oceanos e à inundações das regiões litorâneas, segundo alguns cientistas.

Podemos entender melhor o efeito estufa se compararmos a Terra a uma estufa de plantas.

Numa estufa de plantas, a luz do sol atravessa o vidro e aquece as plantas e os objetos do ambiente. Estes, por sua vez, refletem parte do calor (a radiação infravermelha) que fica preso na estufa, aquecendo-a.

O gás carbônico na atmosfera funciona como o vidro: deixa a luz passar, mas não deixa o calor sair.

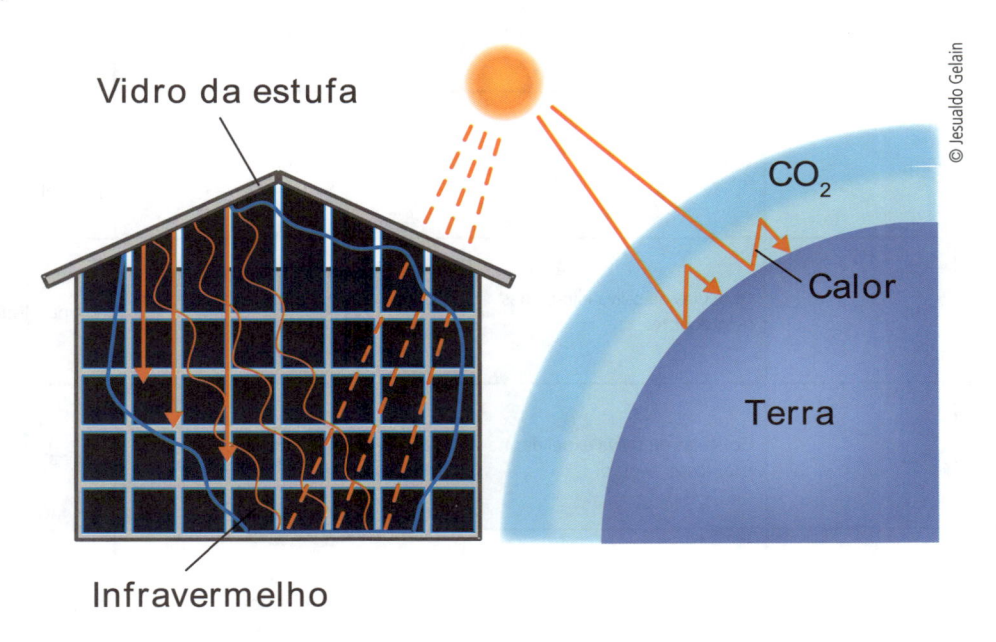

Dióxido de enxofre

Produzido na queima de combustíveis com enxofre. Quando liberado, reage com vapores de água da atmosfera, resultando no ácido sulfúrico.

Esse ácido cai com as chuvas, provocando corrosão de metais, tintas, mármores etc. É a chamada chuva ácida, ela é tão prejudicial que provoca a morte de organismos menores.

Clorofluorcarbonos (CFCs)

São gases formados por átomos de carbono, flúor e cloro, como o freon, que destroem a camada de ozônio (O_3) da atmosfera.

Essa camada protege a Terra dos raios ultravioletas. Com a destruição da camada de O_3 (em determinados locais ela está mais fina ou "esburacada"), temos maior incidência desses raios, que podem causar danos à pele, inclusive vários tipos de câncer, como o melanoma (câncer de pele). Causa comprometimento no processo de fotossíntese, contribui em mais ou menos 10% do efeito estufa, provoca alterações no plâncton (microrganismos que vivem na superfície da água) e reflexos em toda a cadeia alimentar aquática.

O CFC era usado em larga escala em aparelhos de ar condicionado, nas geladeiras, na fabricação de espuma de plástico, no isopor, em sprays (aerossóis) etc.

A substituição dos CFCs ajudou a diminuir a destruição da camada de ozônio.

125

Doenças transmitidas pelo ar

Apesar de ser fundamental à vida, o ar às vezes nos transmite doenças. Os vírus e as bactérias podem ser transmitidos de uma pessoa para outra por meio de gotículas de saliva que ficam suspensas no ar.

Doença	Agente causador	Agente transmissor	Sintomas	Profilaxia
Gripe	Vírus	Gotículas de saliva eliminadas pelo doente na tosse, espirro, fala.	Dor de cabeça, tosse, febre alta, catarro, corrimento nasal.	Vacina (proteção por cerca de um ano)
Resfriado	Vírus	Gotículas de saliva eliminadas durante a tosse, espirro, fala.	Coriza, espirros, febre baixa.	Alimentação equilibrada; higiene pessoal
Sarampo	Vírus	Gotículas de saliva eliminadas pelo doente.	Febre, sonolência, irritação nos olhos causada pela luz, manchas brancas na parte interna da bochecha e erupções em todo o corpo.	Vacina MMR
Catapora	Vírus	Gotículas de saliva expelidas na fala, tosse, espirro.	Também chamada de varicela. Erupções na pele, prurido e febre.	Vacina
Caxumba	Vírus	Gotículas de saliva eliminadas pelo doente.	Inflamação das glândulas salivares (inchaço), às vezes também nos testículos e ovários, febre.	Vacina MMR
Rubéola*	Vírus	Gotículas de saliva eliminadas pelo doente.	Febre, mal-estar, manchas na pele.	Vacina MMR
Poliomielite	Vírus	Gotículas de saliva, alimentos e água contaminados pelo vírus.	Também chamada de paralisia infantil. Diarreia, febre, fraqueza muscular e paralisia.	Vacina Sabin
Tuberculose	Bactéria	Gotículas de saliva eliminadas na fala, tosse, espirro.	Suores noturnos, tosse, febre, emagrecimento, escarro de sangue, dor no tórax.	Vacina BCG
Coqueluche	Bactéria	Gotículas de saliva eliminadas pelo doente.	Também chamada de tosse comprida. Tosse seca com assobio. Dificuldade respiratória.	Vacina tríplice
Meningite	Vírus ou bactéria	Gotículas de saliva eliminadas pelo doente.	Dor de cabeça, febre alta, náuseas, vômitos, rigidez da nuca.	Vacina

(*) Em mulheres grávidas, a rubéola pode ser transmitida para o bebê, causando cegueira, surdez e outros graves problemas.

ATIVIDADES

1 Como o perfil da asa do avião consegue mantê-lo no ar?

_____
_____
_____
_____

2 Observe a imagem e responda:

a) Como o balão flutua e se movimenta no ar?

_____
_____
_____
_____
_____

b) O que é mais seguro usar nesse balão, o gás hidrogênio ou o gás hélio? Justifique.

_____
_____
_____
_____

3 Por que os balões aquecem o ar com uma chama?

_____
_____
_____
_____
_____
_____

127

4 Observe e responda.

Nossa casa é uma festa de bactérias perigosas, ar sujo, substâncias tóxicas, mofo... Quando falamos em poluição, logo associamos o termo a uma enorme névoa preta saindo detrás de um caminhão ou a uma cidade tomada pelo cinza da fumaça das fábricas. A poluição também pode ser causada por outras substâncias que podem ser liberadas pelos aparelhos que usamos. Destaque quais seriam esses tipos de poluição.

_____

5 Dois amigos do 6° ano, Carlo e Antônio, resolveram brincar na garagem da casa de Carlo, porém o pai dele deixou o carro ligado, pois esqueceu a carteira com os documentos. Assim que viu os meninos brincando, o pai disse que era perigoso ficar na garagem fechada com o carro ligado. Explique a afirmação do pai.

_____

128

6 Responda:

a) Como se formam as chuvas ácidas?

_____
_____
_____
_____
_____

b) Quais são as consequências desse tipo de poluição?

_____
_____
_____

7 Sobre a poliomielite responda:

a) Qual é o outro nome que ela recebe?

_____
_____

b) Qual é a forma de transmissão?

_____
_____
_____

c) Qual é o nome da vacina?

_____
_____

8 Como ocorre a transmissão da rubéola, do sarampo e da catapora?

_____
_____
_____

9 Leia os quadrinhos e responda:

a) O Horácio estava doente, como ele passou a doença para os outros?
_____
_____

b) Dê o nome de duas viroses e de duas bacterioses que podem ser exemplos do tipo de contaminação da doença de Horácio.
_____
_____
_____

130

Capítulo 4

ECOLOGIA: CONCEITOS ESSENCIAIS

Além das "esferas" inanimadas — litosfera, hidrosfera e atmosfera —, a Terra abriga ainda uma esfera viva: a biosfera.

A imagem mostra uma pequena comunidade de seres vivos crescendo em seu hábitat natural, onde eles supostamente evoluíram características para lidar com os principais desafios impostos pelos seus respectivos ambientes.

Grupo de cactos em seu hábitat.

Hábitat e ambiente

Os termos "hábitat" e "ambiente" não são sinônimos e, portanto, não devem ser confundidos entre si.

O hábitat (aportuguesamento da palavra latina *habitat*) de um organismo vivo é o lugar físico ocupado por ele ou onde ele é encontrado. Sendo um lugar físico, o hábitat pode ser descrito ou definido independentemente de fazermos menção a algum ser vivo em particular. Uma poça de água, uma praia e uma floresta são exemplos de hábitats.

Praia　　　　　　　　　　　Floresta　　　　　　　　　　　Curso d'água

O ambiente de um organismo, por sua vez, é o conjunto de elementos – vivos ou inanimados – com os quais ele interage ou que de algum modo o afetam. É importante ressaltar que não se trata de um lugar físico, como o hábitat, mas sim de uma coleção de elementos – isto é, o conjunto de elementos que afetam de modo significativo (positiva ou negativamente) a vida de um determinado organismo.

Dois ou mais organismos podem viver em um mesmo hábitat (um trecho de floresta, por exemplo), mas cada um deles terá seu próprio ambiente.

A ocupação de um hábitat por organismos vivos implica necessariamente tolerância e interações. A tolerância tem a ver com as respostas do organismo diante de características físicas do lugar, como o grau de insolação e o regime de chuvas. Caso as características físicas de um hábitat estejam foram dos limites de tolerância de um organismo, este não conseguirá se estabelecer no lugar.

As interações têm a ver com os relacionamentos que o organismo em questão mantém com outros organismos presentes no mesmo hábitat, como presas e inimigos naturais. Em geral, o destino dos seres vivos na natureza é ditado mais pelas suas interações do que pelas suas tolerâncias. Por exemplo, um animal que se alimenta apenas das folhas de uma única espécie de planta jamais conseguirá se estabelecer em um hábitat sem essa planta, mesmo quando as condições físicas do lugar são apropriadas.

Os "olhos" grandes estampados nas asas da borboleta são indícios de um mecanismo de defesa contra predadores.

Vamos explicar de outro modo essa diferença importante entre hábitat e ambiente.

Pense em todos os seres vivos que moram em sua casa. Além de você e de seus familiares, seguramente encontraremos por lá vários outros seres vivos – animais, vegetais, fungos ou microrganismos em geral. Podemos dizer que todos esses seres vivos convivem em um mesmo hábitat, definido aqui como o local onde você mora.

Imagine uma das espécies animais que podem ser encontradas em sua casa. Vamos pensar na lagartixa-de-parede, uma espécie que foi introduzida no país há muitos anos e que hoje pode ser encontrada em praticamente todos os estados brasileiros. Embora você e a lagartixa-de-parede compartilhem um mesmo hábitat – isto é, a sua casa –, você e ela possuem ambientes distintos. Vejamos por que: lagartixas se alimentam, entre outras coisas, de baratas, mariposas e aranhas. Se nenhum desses outros animais também estivesse presente em sua casa, você dificilmente encontraria por lá as lagartixas – quer dizer, as lagartixas só vivem em sua casa porque encontram nela abrigo e uma fonte de alimentação.

Baratas, mariposas e aranhas são itens alimentares saborosos para as lagartixas e, nesse sentido, são elementos importantes do ambiente delas. Esses mesmos animais, no entanto, podem ser irrelevantes para a sua vida e, nesse sentido, eles não fazem parte do seu ambiente.

Em resumo: duas (ou mais) espécies podem conviver em um mesmo local (hábitat), sem que uma espécie se relacione com os mesmos elementos do ambiente com os quais a outra se relaciona.

Nicho ecológico

A expressão "nicho ecológico", a exemplo do que ocorre com "ambiente" e "hábitat", tem dado margem a muitos mal-entendidos.

A palavra "nicho" vem do italiano *nicchio*, que se converteu no verbo francês *nicher* e foi mais tarde vertida para outros idiomas. Literalmente, significa "aninhar". O significado original da palavra ainda persiste na linguagem arquitetônica: nicho é o nome que se dá a uma estrutura tridimensional escavada na parede onde se coloca uma escultura, um ponto de luz.

Na linguagem biológica, contudo, o nicho não é um objeto material. Melhor pensar nele como uma característica (ou um conjunto de características) inerente aos seres vivos. No âmbito deste livro, podemos dizer o seguinte: o nicho é a resposta dos organismos aos desafios impostos pelos seus respectivos ambientes.

Podemos investigar o nicho de um organismo examinando como determinadas características morfológicas (isto é, relacionadas com as estruturas do corpo), fisiológicas (relacionadas com o modo como as diferentes partes do corpo funcionam) ou comportamentais (relacionadas com o modo como o organismo age diante do mundo) contribuem para a sua sobrevivência e o seu sucesso reprodutivo.

Os ambientes e a evolução

Poderíamos descrever milhares de exemplos de adaptações e depois procurar e encontrar muitos outros. Basta lembrar que todos os organismos que conhecemos apenas se mantêm vivos porque estão adaptados aos ambientes em que vivem.

Todas as formas de vida estão intimamente ligadas com o ambiente: luz, temperatura, água, umidade do ar, gases atmosféricos, solo e muitos outros fatores que envolvem cada organismo ou cada espécie.

Numa mesma espécie há competição por alimento e espaço e os machos também competem pelas fêmeas na época da reprodução. As presas fogem de seus predadores e, estes, por sua vez, podem servir de presas para outros predadores.

Todos esses "problemas" refletem a sobrevivência no ambiente, isto é, a **luta pela existência**, observada até entre os vegetais, como as árvores de uma floresta que "disputam" espaço umas com as outras para receber mais luz.

O que é ecologia?

Ecologia é a disciplina biológica que estuda a interações entre os seres vivos e seus respectivos ambientes. Dois níveis tradicionais de estudo em ecologia lidam com populações e comunidades.

Populações biológicas são conjuntos de indivíduos de uma mesma espécie que vivem em um mesmo hábitat. Por exemplo, a população de bem-te-vis ou de corujas-buraqueiras que vivem, por exemplo, no pasto de uma fazenda.

As **comunidades** biológicas, por sua vez, podem ser definidas como conjuntos de populações de várias espécies que vivem em um mesmo hábitat. Por exemplo, a comunidade de aves ou de árvores encontradas no mesmo pasto mencionado acima.

Comunidades estão inevitavelmente inseridas em um espaço físico, incluindo elementos do solo, da água ou do ar, dependendo do hábitat. A esse conjunto dá-se o nome de **ecossistema**. O ecossistema é, portanto, um complexo que inclui espécies que interagem entre si, mais os elementos inanimados que influenciam na vida dessas espécies.

Você sabia?

Naves espaciais são ecossistemas?

Claro que quase todos os ecossistemas têm uma grande capacidade de ajuste, adaptando-se a enormes variações ambientais. À capacidade de manter-se em perfeito equilíbrio denominamos homeostase, isto é, não é necessário trazer alimento de fora, uma vez que o próprio ecossistema é capaz de produzi-lo. O pesquisador Eugene P. Odum compara uma astronave autossuficiente a um ecossistema. Para uma longa viagem tripulada, uma expedição interplanetária, por exemplo, deveria ser como um ecossistema independente. A astronave possuiria vegetais que, através da fotossíntese, produziriam oxigênio, além de servir como alimento.

Para um percurso curto, o homem não necessitaria levar consigo um ecossistema autossuficiente. Uma nave com oxigênio e alimentos armazenados poderia manter-se fora da biosfera por um breve período de tempo. Para longas viagens espaciais, as astronaves deverão ser mais complexas, isto é, verdadeiros ecossistemas autossuficientes.

A hipótese Gaia

As características hereditárias de qualquer espécie, animal ou vegetal, são o produto de uma longa história evolutiva, tendo sido forjadas sob circunstâncias ambientais específicas. Para entendê-las, precisamos estudar a espécie em seu hábitat natural. De modo semelhante, a melhor maneira de preservar qualquer espécie é proteger o seu hábitat. Para salvar a espécie humana é necessário proteger Gaia.

Se cada espécie está integrada ao seu hábitat como se fossem uma coisa só, alterando, sujando, contaminando ou desfigurando um hábitat qualquer, estaremos fazendo o mesmo com a espécie aí existente, levando-a, inclusive, a desaparecer.

O desaparecimento de uma espécie pode provocar terríveis alterações no equilíbrio ecológico, uma vez que as espécies sempre interagem umas com as outras. Imagine um campo no qual, por acidente, cai uma substância venenosa para a vegetação. Sem as plantas, desapareceriam os herbívoros e, em consequência, os carnívoros deixariam de ter alimento e morreriam.

O contrário também pode ocorrer: uma espécie ser tirada do seu hábitat e ser introduzida em outro local. Foi o que conteceu com o aguapé, uma planta aquática cujas raízes filtram a água. Comum no Brasil e usado para despoluir lagos e represas, o aguapé foi levado para Ruanda, na África, para fins ornamentais, em tanques de jardins.

O aguapé, planta que despolui lagos e represas.

Após algumas enchentes, os aguapés foram arrastados para os rios e daí para o lago Vitória. Com uma reprodução rápida e sem inimigos naturais, eles proliferaram muito e, como suas raízes absorvem muito oxigênio da água, isso acabou asfixiando as tilápias, peixes que servem de alimento para as tribos locais; as raízes do aguapé enroscam-se nas hélices dos barcos, as folhas dessa planta servem de abrigo para o caramujo hospedeiro do verme da esquistossomose, acarretando o aumento dos casos da doença, além do que, nessa planta, também se esconde a mamba africana, serpente cuja picada é, geralmente, mortal, fora as larvas dos mosquitos transmissores da malária.

Você sabia?

A hipótese Gaia – nome dado em homenagem à deusa grega da Terra, proposta pelo inglês James Lovelock –, na qual a biosfera e seus componentes físicos interagem em busca de equilíbrio, ganhou muito destaque e passou a ser considerada uma teoria científica.

Gaia, a Terra, segundo aquele cientista, seria capaz de restaurar o equilíbrio em qualquer tipo de ambiente. Recentemente, Peter Ward, paleontólogo norte-americano da Universidade de Washington e da Nasa (Administração Nacional da Aeronáutica e do Espaço), afirmou não acreditar que a Terra tenha essa enorme capacidade de autorregulação, garantindo que os seres humanos deveriam se utilizar da ciência e da tecnologia para reduzir as agressões causadas ao nosso planeta.

Ward lançou, assim, a hipótese Medeia, nome inspirado na deusa grega que matou os próprios filhos. Daí ser a Terra incapaz de curar a si mesma. Ele afirmou justamente o contrário do que dizia Lovelock. Afinal é a própria humanidade que provoca as condições que levam à extinção inúmeras espécies.

ATIVIDADES

1 Como podemos esquematizar a relação entre os seres vivos e o ambiente?

_____
_____

2 Escolha a melhor definição de ecossistema e justifique.

a) O conjunto de populações de uma comunidade.

b) Os fatores físicos de um ambiente ocupado.

c) Todos os seres vivos vegetais e animais.

d) O ambiente inerte e a comunidade aí instalada.

_____
_____
_____
_____
_____
_____
_____
_____

3 Identifique em cada desenho os conceitos de "população" e "comunidade".

a) _____

b) _____

c) _____

d) _____

e) _____

Observe as figuras e responda aos itens a) e b) da questão 4 à questão 5.

4 a) Apenas com o meio inerte e sem animais, como sobrevivem as plantas?

_____

_____

b) Qual é a troca entre plantas e animais para que ambos sobrevivam?

_____

_____

137

5 Se mantivéssemos o aquário da direita totalmente fechado, ou seja, isolado do meio externo, poderia existir vida? Durante quanto tempo?

_____

_____

_____

6 Observe o desenho e complete-o de modo a explicar o fenômeno da fotossíntese.

1. _____

2. _____

3. _____

4. _____

7 Como uma astronave tripulada, em uma expedição interplanetária de vários anos, poderia se manter equilibrada (autossuficiente) para não armazenar tanto alimento a bordo?

_____

_____

8 Elabore um pequeno texto para explicar a hipótese Gaia.

_____

_____

_____

_____

_____

_____

_____

Capítulo 5
CADEIAS E TEIAS ALIMENTARES

Os seres vivos necessitam de alimentos para viver e as relações alimentares entre eles são diferentes. Na figura abaixo, as setas ilustram as relações alimentares em uma comunidade. Se pegarmos o exemplo do grilo podemos ver que ele come a planta e serve de alimento para o sapo, que é comido pela cobra, que, por sua vez, é alimento da águia. Assim, os componentes de uma comunidade mantêm uma relação muito estreita entre si no sentido de obtenção de alimento.

© Chico Silvério

Quanto a isso, os organismos são classificados em:

- **Produtores:** seres clorofilados que produzem o açúcar para a própria nutrição. Só as plantas fazem **fotossíntese**, isto é, fabricam o alimento a partir da luz solar, do gás carbônico da atmosfera e da água e sais minerais do solo, eliminando oxigênio.

- **Consumidores**: são **primários** quando têm hábitos alimentares **herbívoros** e **secundários** se os hábitos alimentares forem **carnívoros.**

- Os consumidores secundários podem ser **predadores, parasitas** e **detritívoros.** Os urubus, por exemplo, se alimentam de animais logo após a morte deles.

- Animais cuja alimentação é mista, alimentando-se ora de animais, ora de vegetais, são denominados **onívoros**, os que comem de tudo.

- **Decompositores:** várias espécies de **bactérias** e alguns **fungos** também microscópicos, parentes dos cogumelos, vivem no solo transformando cadáveres de animais e de vegetais em sais minerais, os quais serão absorvidos pelas plantas para a fabricação de açúcar pela fotossíntese.

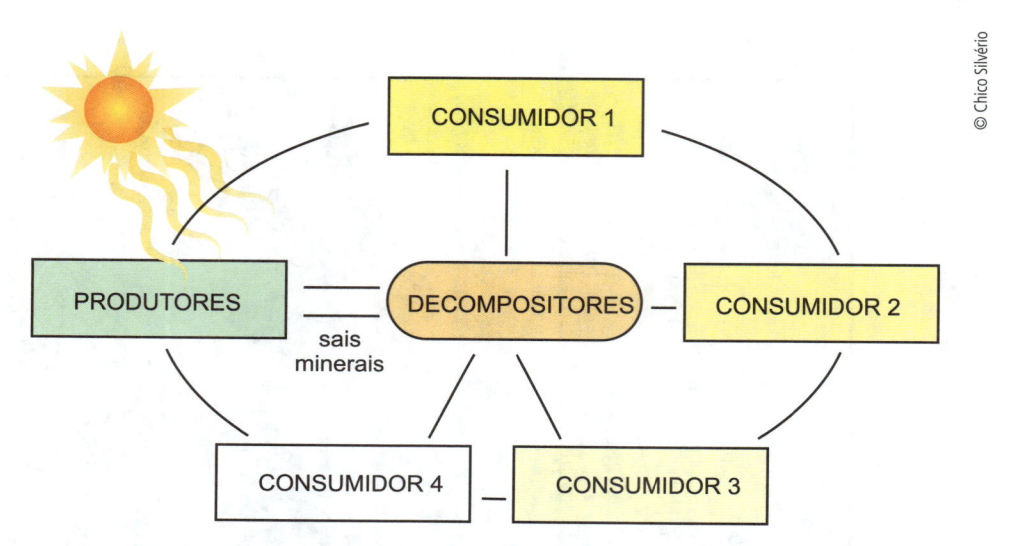

Os consumidores primários são herbívoros e os secundários, terciários e quaternários são carnívoros.

Cadeia alimentar

É uma série de organismos entre os quais há uma transferência de alimento, desde os produtores até os decompositores. Cada espécie de organismo ocupa um nível alimentar.

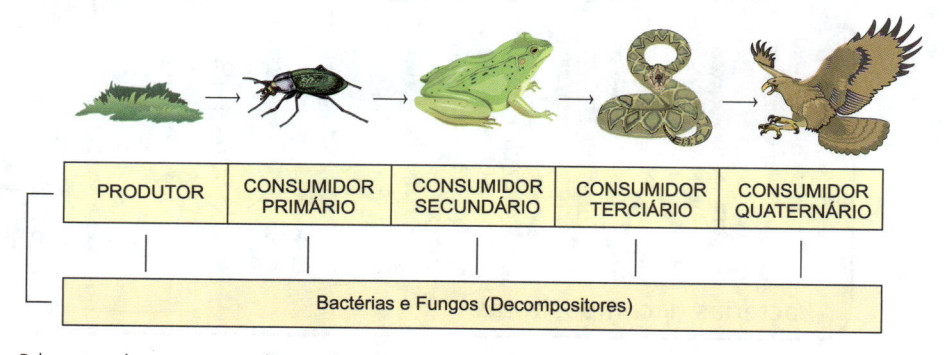

Pelas setas, observa-se que cadáveres de todos os níveis alimentares sofrem ação dos decompositores. Transformados em sais minerais eles são absorvidos do solo pelas plantas.

140

Em quaisquer cadeias alimentares é muito importante a manutenção do equilíbrio em todos os níveis. Na cadeia citada, caso diminuísse o número de gaviões, provavelmente aumentaria a quantidade de cobras. Mais consumidores terciários provocariam redução acentuada no número de sapos, provocando aumento no número de insetos e assim por diante.

Teia ou rede alimentar

É um conjunto de várias cadeias alimentares. Cada nível alimentar pode ser ocupado por mais de uma espécie.

Teia alimentar na qual o gavião é um consumidor quaternário quando comer a cobra, terciário ao comer o lagarto e secundário ao se alimentar da cutia. Carrapato e piolho são parasitas; o primeiro é consumidor secundário e o piolho é quaternário.

Quanto mais espécies em uma teia alimentar, mais equilibrada ela será, uma vez que cada consumidor terá mais opções de alimentos.

Animais maiores são tão poucos que não servem de alimento para outras espécies. Se tivéssemos mais gaviões que cobras, em pouco tempo as cobras sumiriam e os gaviões teriam que procurar pelos sapos ou desapareceriam da região.

Normalmente representamos a cadeia alimentar por uma **pirâmide**, na qual cada um dos degraus representa um **nível alimentar**.

Os produtores ocupam a base, seguidos pelos herbívoros, depois pelos consumidores secundários e assim sucessivamente até chegar aos consumidores quaternários.

Cabe lembrar que, geralmente, como os degraus da base são maiores, neles os organismos são pequenos e mais numerosos, enquanto as espécies acima são maiores e em menor número.

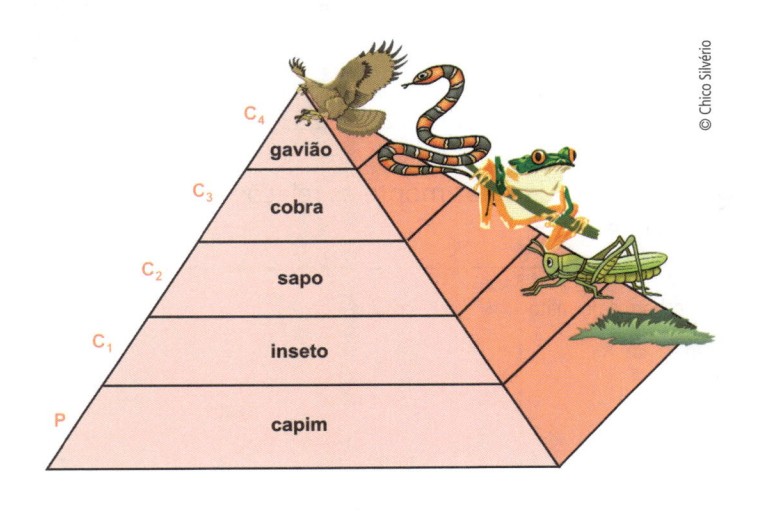

141

Você sabia?

Desastres ambientais

A destruição de um hábitat obriga algumas espécies a procurar outras áreas, levando para seus novos *habitats* doenças que antes não existiam.

Exemplo de como o desmatamento "empurrou" um parasita para uma região urbana foi o que aconteceu em uma pequena mata no interior de São Paulo, derrubada para a instalação de uma indústria. Sem o *habitat* natural, muitos animais desapareceram da área, inclusive aqueles cujo sangue alimentava uma espécie de morcego hematófago. Na falta de suas presas, os morcegos não tardaram a procurar alimento no povoamento mais próximo, passando a raiva (hidrofobia) para os habitantes locais, pois transmitiam o vírus pela sua saliva ao chupar o sangue de pessoas, cães e outros animais.

Recentes casos de febre amarela em Goiás podem estar relacionados à construção da represa da usina Hidrelétrica de Serra da Mesa, Niquelândia, no rio Maranhão. A inundação daquela região para formar o reservatório da usina provocou a migração de macacos-prego e guaribas, hospedeiros naturais do vírus causador da febre amarela, para outros pontos do Estado de Goiás, ampliando a área de atuação dos dois mosquitos transmissores da doença. Esses insetos adquirem o vírus ao sugar o sangue dos macacos e depois o transmitem para nós.

Queimadas, compostos químicos venenosos liberados para o ambiente, acidentes ecológicos em locais pouco conhecidos, mais a nossa imprudência, têm colocado o homem em contato com *habitats* de animais que hospedam parasitas geralmente invisíveis, para os quais certamente nossas defesas naturais não estavam preparadas, vide a agressividade do vírus Ebola, que era inofensivo quando em seu hospedeiro natural, porém mortal quando teve acesso ao nosso organismo.

Os predadores em relação às suas presas são maiores, vivem mais e se reproduzem menos.

ATIVIDADES

1 Monte uma cadeia alimentar completando os quadros:

Produtor	Consumidor primário	Consumidor secundário	Consumidor terciário	Consumidor quaternário

2 Por meio de setas monte as relações alimentares (as setas partem do alimento para aquele que come).

cachorros-do-mato   corujas   cobras

                                                        pássaros

                                        sapos   aranhas

                        ratos   insetos carnívoros

cutias   plantas   insetos herbívoros

Destaque duas cadeias alimentares com quatro consumidores.

_____
_____

3 Na cadeia alimentar abaixo, qual o papel do organismo X?

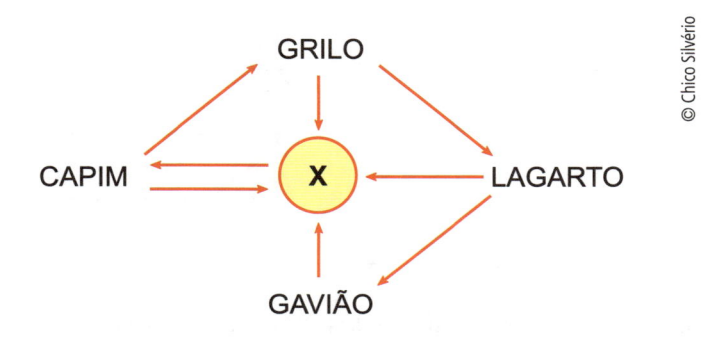

_____
_____
_____

4 No esquema abaixo, qual o nível alimentar dos organismos A, B, C, D, E e F?

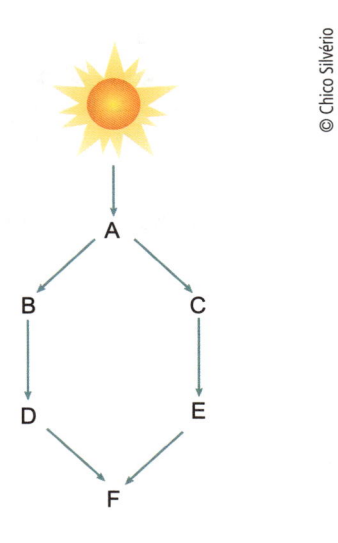

_____
_____
_____
_____

5 Assinale a frase *correta* e justifique. Os animais herbívoros ocupam:

a) apenas um *habitat* e um nível alimentar.

b) vários níveis alimentares e vários habitats.

c) vários níveis alimentares, mas apenas um habitat.

d) vários *habitats*, mas apenas um nível alimentar.

_____
_____
_____
_____

6 Por que os predadores podem ser considerados úteis nos ecossistemas?

_____
_____
_____
_____

7 Na seguinte cadeia alimentar:

> Algas → Crustáceos → Lulas → Peixes

se diminuíssemos a população de peixes, explique o que aconteceria com a população de algas?

_____
_____
_____
_____
_____

8 Por que os organismos da base de uma pirâmide alimentar são numerosos? Eles podem ser pouco numerosos?

_____
_____
_____

Capítulo 6
INTERAÇÕES ECOLÓGICAS

Em cada um dos ecossistemas, os seres vivos mantêm relações entre si. Na tirinha, podemos observar algumas dessas relações.

(Níquel Náusea de Fernando Gonzales.)

Na situação mostrada na tirinha poderíamos nos perguntar quem obtém mais vantagens, o pássaro ou o rinoceronte, entretanto, é difícil saber. O pássaro pode se alimentar de outros animais que não o carrapato, e o rinoceronte ficar livre dos carrapatos de outro modo, como mostra a própria tirinha. Mas o fato é que na natureza os seres vivos estabelecem relações uns com os outros em função das necessidades que apresentam para sobreviver em seu ambiente.

Essas relações são chamadas interações e não são apenas do tipo presa-predador.

145

Muitas outras relações acontecem, e não apenas de natureza alimentar, algumas estão relacionadas a esconderijos para proteção e sobrevivência, obtenção de alimento, reprodução, etc.

Essas relações podem ocorrer entre indivíduos de mesma espécie ou entre indivíduos de espécies diferentes. As primeiras são chamadas **intraespecíficas** e as demais **interespecíficas**.

Relações intraespecíficas

São as relações entre indivíduos de mesma espécie, e podem ser de dois tipos:

Colônias

Os indivíduos vivem ligados fisicamente como se fossem um só corpo e, quando separados, acabam morrendo. São aquáticos e geralmente marinhos, como os bancos de esponjas, recifes de corais e outros. A maioria das colônias é encontrada nas espécies inferiores e não nos animais vertebrados, por exemplo.

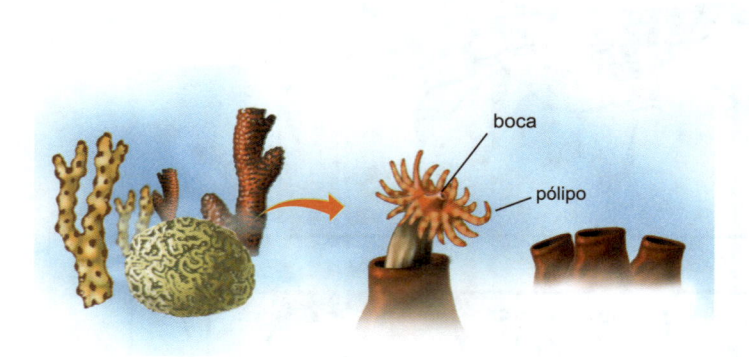

Os diferentes tipos de corais têm uma "armadura" sólida e abrigam milhões de indivíduos chamados pólipos. À direita, o detalhe de um dos pólipos e carapaças sem o pólipo.

A caravela é uma colônia gelatinosa cujos tentáculos urticantes paralisam peixes e outros animais, e chegam até a "queimar" o homem.

Sociedades

Indivíduos de mesma espécie que vivem juntos, mas não são ligados fisicamente. Algumas sociedades são individualistas, isto é, os animais estão juntos, mas, ao primeiro perigo, cada um corre para um lado. São os bandos ou multidões, como alcateias (lobos), rebanhos (ovelhas), varas (porcos) etc.

As sociedades coletivistas, ao contrário, contam com a participação de todos e cada grupo tem sua função definida, aquilo que chamamos divisão de trabalho.

Nos insetos, como as abelhas, encontramos o exemplo ideal de sociedade, onde seus componentes estão divididos em grupos com funções diferentes na colmeia. Existe uma rainha, a única fêmea fértil, os machos são aqueles que cuidam da reprodução e as operárias, ao contrário da rainha, são fêmeas estéreis, responsáveis por várias funções.

Também formam sociedades os cupins, as formigas e o homem.

Relações interespecíficas harmônicas

Comensalismo

Associação que ajuda uma espécie e é indiferente para a outra, se bem que, não acontecendo a relação entre as duas espécies, elas continuam vivendo muito bem.

Exemplos: os peixes-piloto nadam na frente de alguns tubarões e aproveitam restos alimentares, assim como as rêmoras que são peixes que "grudam" nos tubarões e nas raias e "pegam carona" durante algum tempo. Talvez os tubarões nem percebam a presença dos peixes menores.

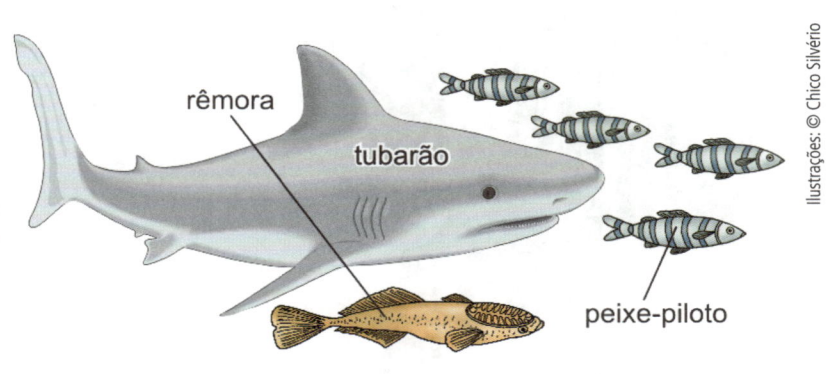

A rêmora prende-se ao tubarão através de uma ventosa. Por acidente algum peixe-piloto pode até ser abocanhado quando o tubarão ataca uma presa.

Um caso especial de comensalismo é o epifitismo, quando uma planta como a orquídea ou as bromélias vivem apenas apoiadas sobre uma árvore, sem parasitá-la. Outro caso especial é o inquilinismo, que é quando um anoma procura abrigo dentro da cavidade do corpo de outro animal.

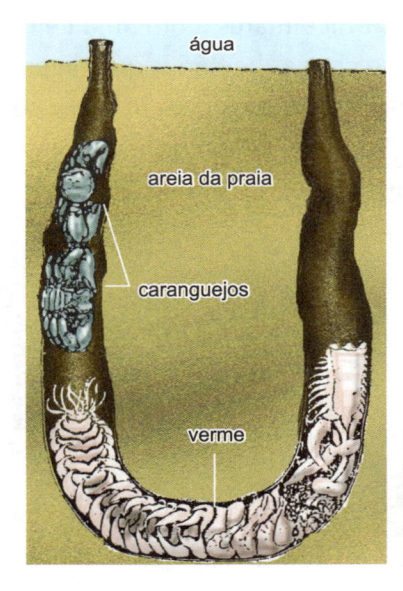

Uma bromélia (à esquerda) e dois caranguejos "inquilinos" do tubo onde vive um verme marinho parente da minhoca.

Cooperação

Ajuda as duas espécies, mas uma pode viver sem a outra. O pássaro-paliteiro encontra alimento comendo sanguessugas na boca do crocodilo, enquanto este fica livre dos incômodos parasitas.

O caranguejo-ermitão vive numa concha abandonada de caramujos marinhos e, sobre ela, podemos encontrar uma anêmona-do-mar, parente da caravela. O caranguejo ganha proteção dos tentáculos urticantes da anêmona e ela, levada pelo ermitão, aumenta a área de obter alimento, pois sozinha não pode se locomover.

147

Pássaros-paliteiro no crocodilo.

Anêmonas sobre a concha ocupada pelo caranguejo-ermitão.

Ilustrações: © Chico Silvério

Mutualismo

Ao contrário dos dois casos anteriores, aqui as duas espécies não podem se separar, pois além de obterem vantagens, a interação é muito mais próxima, mais íntima.

Exemplos: os cupins comem a madeira, mas não conseguiriam digeri-la, se não fosse a ajuda das triconinfas, animais unicelulares (com uma célula) que morreriam fora do intestino dos cupins. A mesma coisa acontece com as bactérias que digerem a celulose no estômago dos ruminantes; por isso, bois, carneiros, girafas e outros podem nutrir-se de vegetais.

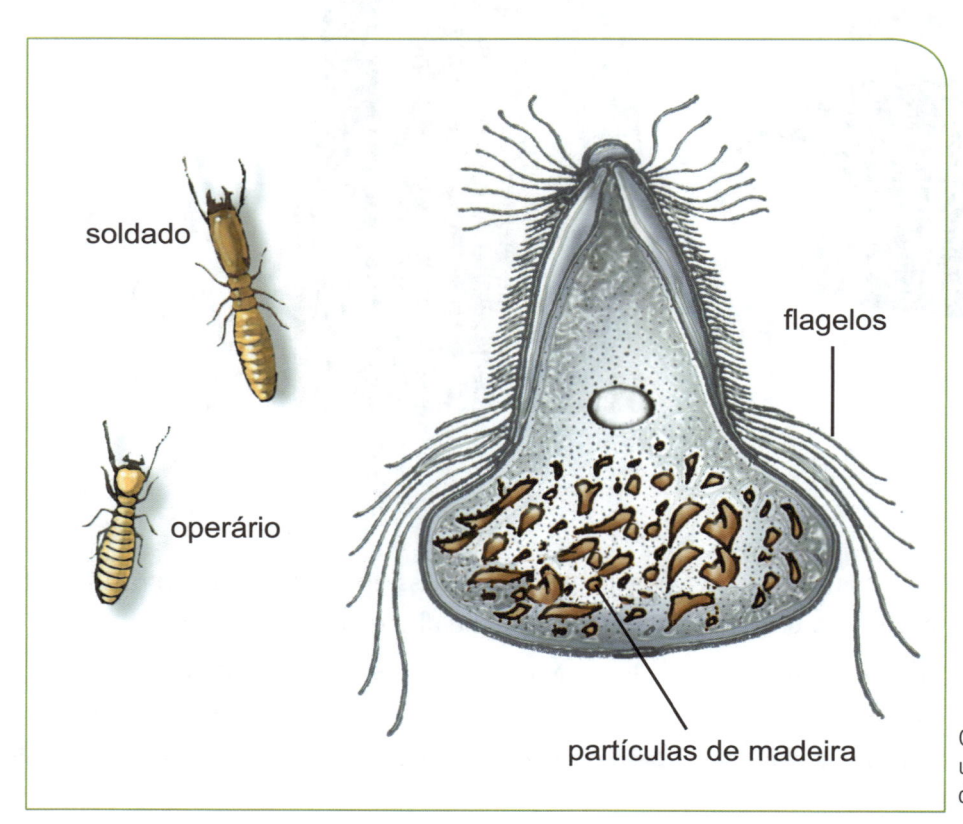

O cupim e uma triconinfa, unicelular microscópico que digere a madeira.

148

Desarmônicas

Amensalismo

Uma espécie é prejudicada por outra que não leva nenhuma vantagem. Exemplos: alguns fungos eliminam uma substância, como nós eliminamos nossa urina, da qual é extraído um produto com o qual são fabricados os antibióticos, que são utilizados no combate às infecções bacterianas.

Certas algas marinhas microscópicas às vezes se multiplicam tanto que a substância que elas eliminam como produto da sua digestão tinge a água de vermelho, intoxicando animais como mariscos, mexilhões, camarões, peixes e até o homem.

Predatismo

Predador é aquele que abate a presa para comê-la. O número de predadores não pode ser maior que o número de presas. Quando um organismo devora outro de mesma espécie temos o canibalismo, como muitas aranhas fêmeas que, após a reprodução, comem os machos.

Parasitismo

Uma espécie geralmente de menor tamanho, o parasita se alimenta de órgãos ou de substâncias de outra espécie, o hospedeiro, o qual fica prejudicado ou tem sua morte antecipada.

Ectoparasitas atacam o hospedeiro permanecendo do lado de fora do corpo, como carrapatos e piolhos que sugam o sangue de suas vítimas. Endoparasitas instalam-se no interior do corpo do hospedeiro, como vírus, bactérias, vermes etc.

Alguns animais como os "pulgões" parasitam plantas; esses insetos sugam a seiva doce ou açúcar, enterrando seus aparelhos bucais nos vasos ou nervuras das folhas.

Existem plantas parasitas, como a erva-de-passarinho e o cipó-chumbo, que também sugam a seiva de outras plantas.

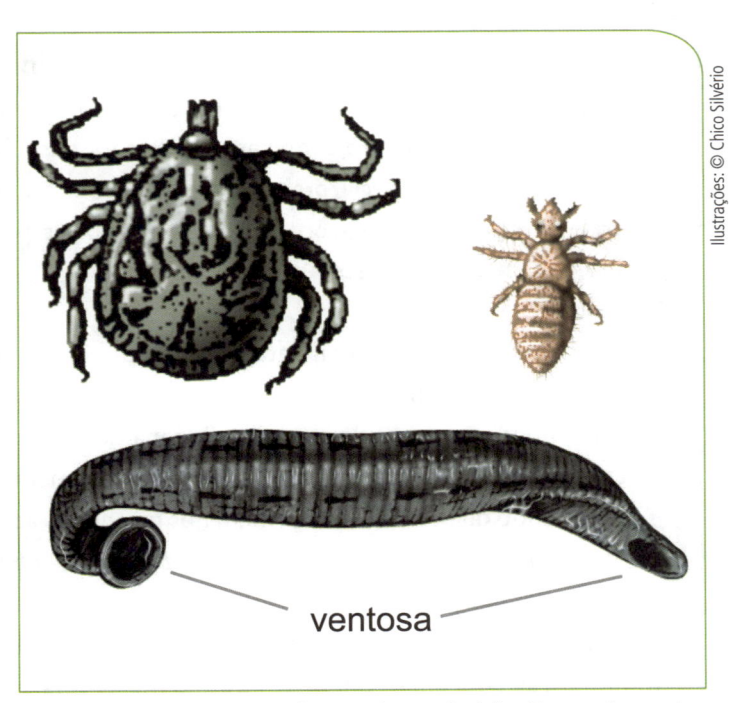

A partir da esquerda: carrapato (4 pares de patas), piolho (3 pares de patas) e sanguessuga, verme de água doce parente da minhoca.

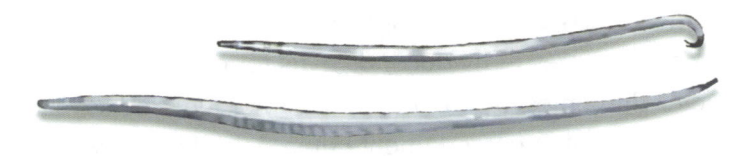

A lombriga, um endoparasita que se aloja no intestino delgado, alcança de 20 a 30 centímetros. O macho é menor e com a cauda enrolada.

Resumo das relações ecológicas

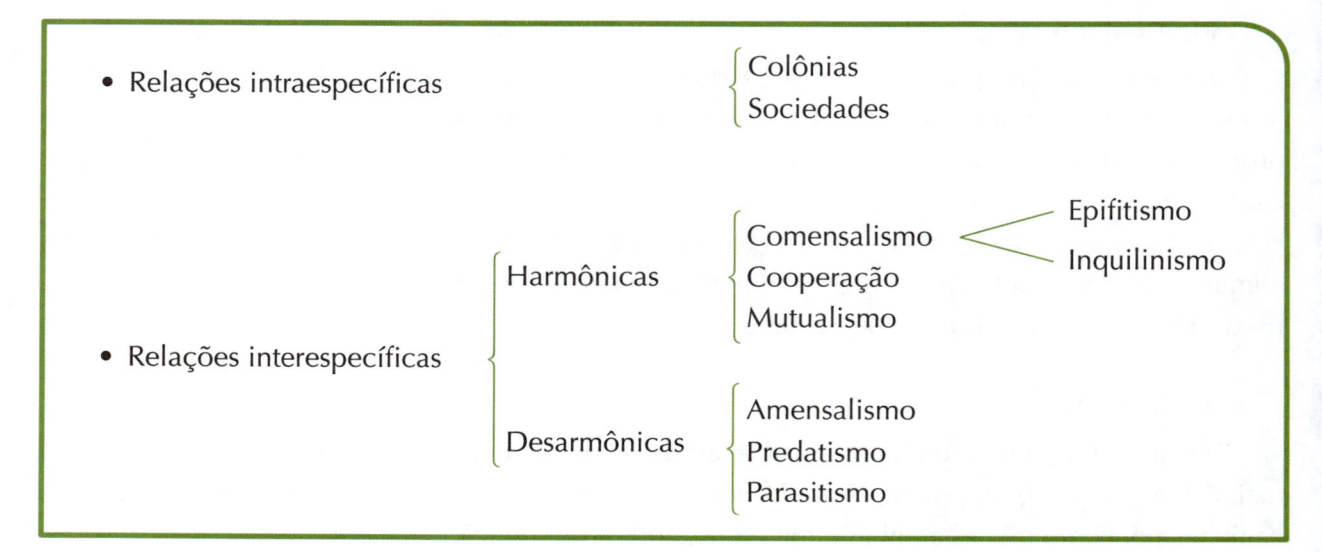

- Relações intraespecíficas
  - Colônias
  - Sociedades

- Relações interespecíficas
  - Harmônicas
    - Comensalismo
      - Epifitismo
      - Inquilinismo
    - Cooperação
    - Mutualismo
  - Desarmônicas
    - Amensalismo
    - Predatismo
    - Parasitismo

Você sabia?

Controle biológico

Para evitar o envenenamento do ambiente com pesticidas ou agrotóxicos, os quais podem passar para os alimentos, ou evitar prejuízo com o ataque de parasitas à lavoura, podemos eliminar uma espécie nociva utilizando uma outra espécie, predadora, parasita ou competidora da primeira.

Controle biológico ou manejo ecológico de uma espécie-praga é exterminá-la ou limitar o aumento de sua população sem provocar desequilíbrios ecológicos.

Exemplos:

- Os algodoais brasileiros eram atacados por um inseto chamado "bicudo", exterminado pela joaninha-francesa, um besouro carnívoro colocado ali com esse fim.
- Para impedir o avanço do caruncho da cana-de-açúcar é usada uma vespa predadora do besouro.
- Em lagos e represas são colocados peixes que comem larvas de mosquitos transmissores da malária, impedindo que elas se transformem nos mosquitos adultos.

Às vezes, o uso descuidado que o homem faz dos ambientes, diminui sua qualidade de vida, por melhores que sejam as intenções.

Na tentativa de controlar o aumento das populações de um tipo de piranha nos açudes nordestinos, introduziram ali o tucunaré, um peixe africano muito voraz. Agressivo, o tucunaré não só atacou as piranhas como também acabou comendo os peixes de outras espécies que serviam de alimento às populações locais.

Competição

É a disputa pelo mesmo alimento entre indivíduos de mesma espécie ou de espécies diferentes.

A competição intraespecífica seleciona os melhores indivíduos, os mais fortes e mais capazes. Já na competição entre indivíduos de espécies diferentes ocorre a eliminação de uma delas, isto é, quando duas espécies brigam pelo mesmo nicho ecológico certamente uma delas leva a melhor.

Defesa contra inimigos naturais

Às vezes é mais seguro para um animal ficar escondido não só para a sua proteção, como também para a proteção dos filhotes, para economizar energia ou até para não perder o esconderijo, a toca ou a árvore que servem de abrigo.

Quando um animal não é percebido pelo seu predador, ele é preservado. Vivo, ele pode se reproduzir, dar origem a muitos filhotes e sua espécie não se extingue.

Muitos animais conseguem se "disfarçar" e, não sendo vistos pelos predadores, escapam e continuam vivendo com os de sua espécie. É o que acontece com animais claros que vivem em ambientes também claros, dificultando que algum predador os reconheça.

O mesmo animal sobre uma superfície escura seria facilmente encontrado pelo predador.

Os disfarces não são usados só pela presa. Animais predadores também não devem ser vistos com tanta facilidade, senão dificilmente alcançariam suas presas.

Camuflagem (cores e formas)

Disfarce pelas cores

Certas espécies têm a mesma cor do ambiente em que vivem. Animais brancos vivem na neve ou no gelo, animais do deserto são cor de areia, sobre a vegetação encontramos espécies esverdeadas ou acinzentadas, quando o ambiente é rochoso.

Animais como peixes e cetáceos (golfinho, orca) são escuros em cima e claros embaixo. Vistos por cima, seu dorso é confundido com o fundo escuro. Observados por baixo seu ventre é confundido com a claridade vinda de cima.

151

Certas espécies mudam suas cores e passam a ter as cores do ambiente em que se encontram. É muito comum em animais como o polvo, a lula, a siba, muitos peixes, sapos, lagartos e outros.

Aquilo que dá as cores dos animais são substâncias chamadas pigmentos, encontrados em certas células da pele. Quando esses pigmentos ficam uns sobre os outros, o animal fica com cores mais fortes ou tons mais escuros. Às vezes os pigmentos se espalham e as cores são muito mais claras.

As listras brancas do animal se confundem com a claridade do horizonte, desmanchando o contorno do animal quando observados de longe.

Essas mudanças de cores servem para camuflar ou esconder o animal, seja presa ou predador, para atrair machos ou fêmeas na época da reprodução ou assustar e afastar inimigos quando disputam ou competem por alguma coisa.

Animais polares têm ou assumem a mesma cor do meio.

Alguns animais como as onças, jaguares, leopardos e outros possuem pintas ou manchas. Os claros e escuros de seu corpo se confundem com os claros e escuros da vegetação onde eles vivem, como que desmanchando seu contorno.

Disfarce pelas formas

Muitas espécies são confundidas com o ambiente porque apresentam as cores e a forma do meio onde vivem.

Alguns insetos são semelhantes aos gravetos em que vivem, como o bicho-pau. Borboletas parecem folhas da árvore da qual elas se alimentam; caranguejos e peixes lembram pedras etc.

Apontada pela seta, a borboleta tem asas muito parecidas às folhas da planta onde ela vive.

O bicho-pau é confundido com o galho sobre o qual está apoiado.

Você sabia?

Mimetismo

Ocorre principalmente entre os insetos, quando uma espécie **imita** outra mais forte ou não comestível, isto é, de sabor repugnante para o predador.

As borboletas "vice-rei" e "monarca" são muito parecidas, mas a primeira pode ser ingerida por pássaros predadores e a segunda, quando atacada, é cuspida pela ave por causa do sabor horrível.

Se um predador atacar primeiro a borboleta com gosto ruim, ele "aprenderá" que ela tem péssimo sabor e não atacará mais sequer as vice-rei, que não têm gosto ruim mas acabam se salvando por serem muito parecidas com as borboletas monarca. Claro que, se o pássaro tentar comer primeiro uma vice-rei, como ela não tem gosto ruim, ela fará um segundo ataque.

Principalmente entre os insetos, algumas espécies se fazem passar por animais mais agressivos. Quando essa borboleta abre as asas, os dois olhos "pintados" dão a impressão, para o predador, de que ele está sendo observado por um animal muito mais forte.

153

ATIVIDADES

1 Observe as figuras e responda as questões:

a) Dê os nomes das relações das figuras

A – Coral cérebro.

B – Pedaço de uma colmeia.

_____

_____

b) Cite uma característica que torna semelhantes as relações das figuras e uma que possa distingui-las.

_____

_____

_____

2 Complete com o nome da relação:

I. Um louva-a-deus come um grilo: _____

II. A lombriga procura alimento no intestino de outro animal: _____

III. Bactérias não se reproduzem ao redor de um fungo: _____

IV. Formigueiros e colmeias: _____

V. Um recife de corais: _____

VI. Pássaros comem carrapatos da pele do boi: _____

VII. Peixes procuram abrigo dentro de esponjas: _____

VIII. Duas espécies de peixe se alimentam de uma terceira: _____

154

IX. Liquens são seres primitivos, mas resistentes, que vivem sobre pedras. As algas e os fungos que os formam não podem viver separados: _____

X. Tuins utilizam, como ninhos, buracos nos troncos das árvores abandonados por pica-paus: _____

3 Observe a tirinha e responda:

(Níquel Náusea de Fernando Gonzales.)

a) Qual o nome que recebe esse tipo de relação?
_____
_____

b) Explique como cada organismo se comporta nessa relação?
_____
_____

4 Leia o poema "Dupla Humilhação", de Carlos Drummond de Andrade, e responda às questões a seguir:

Dupla humilhação

Humilhação destas lombrigas,
humilhação de confessá-las
a Dr. Alexandre, sério,
perante irmãos que se divertem
com tua fauna intestinal
em perversas indagações:
"Você vai ao circo assim mesmo?
Vai levando suas lombrigas?
Elas também pagam entrada,
se não podem ver o espetáculo?
E se, ouvindo lá de dentro,
as gabarolas do palhaço,
vão querer sair para fora, hem?
Como é que você se arranja?"

O que é pior: mínimo verme,
quinze centímetros modestos,
não mais – vermezinho idiota
enquanto Zé, rival na escola
na queda de braço, em tudo,
se gabando mostra no vidro
o novelo comprovador
de seu justo gabo orgulhoso;
ele expeliu, entre ohs! E ahs!
De agudo pasmo familiar,
formidável tênia porcina:
a solitária de três metros.

(ANDRADE, Carlos Drummond de:
in Boitempo – *Menino Antigo*. Rio de Janeiro: Record.
© Graña Drummond – www.carlosdrummond.com.br)

a) Qual é o tipo de relação ecológica descrita no poema?

b) Retire do texto dois casos dessa relação, citando as espécies envolvidas em cada um dos dois.

5) Faça um desenho mostrando um dos muitos disfarces encontrados entre os animais.

6 Observando-se uma orca notamos que o seu dorso apresenta-se bem mais escuro que o ventre. Qual a vantagem desse animal ter essa coloração?

_____
_____
_____
_____
_____
_____
_____

7 Explique de que modo a forma e a cor da borboleta auxiliam a se proteger de seus predadores.

_____
_____
_____
_____
_____
_____
_____

157

Capítulo 17 — A VEGETAÇÃO BRASILEIRA

Floresta Amazônica
Charles Daniel

Nas matas, rios, Floresta Amazônica,
A natureza em meio à destruição.
O brilho do sol não mais encanta,
Em resposta à poluição.

Vida, missão; amor é se unir,
Para a Amazônia florir.
Nos igarapés, os peixes são vis,
A vida deve brotar neste chão.

A natureza chora pela desmatação.
Respeite os índios sem nação.
O manto negro, um sonho no fim;
Seus filhos a Terra herdarão.

O pranto da mata chega até os céus,
Dos olhos cegos de quem tudo vê.
Os mapas da Terra se consumirão
No fogo gerado pelas mãos.

A música refere-se a um problema muito sério da Floresta Amazônica.

A destruição da floresta que ocorre pelas ações humanas e prejudica a grande diversidade de seres vivos que habitam os ambientes naturais do Brasil.

Estudiosos afirmam que o Brasil abriga de 15% a 20% de todas as espécies de seres vivos do planeta, inclusive muitas com exclusividade (endêmicas) e outras que ainda não conhecemos.

Além da posição privilegiada no globo terrestre, o Brasil possui ambientes fantásticos, que permitiram essa diversidade tão grande de formas de vida.

Os principais domínios ecológicos (ou regiões fitogeográficas) estão representados pelos algarismos, no mapa.

1. Floresta Amazônica
2. Mata dos Cocais
3. Complexo do Pantanal
4. Campo Cerrado
5. Caatinga
6. Mata Atlântica
7. Mata de Araucária
8. Campos Limpos (ou campos sulinos)

Floresta Amazônica

É uma floresta equatorial úmida, ou hileia, bastante fechada, com boa pluviosidade o ano todo e solo pouco profundo, tanto que a vegetação depende dos minerais provenientes das matérias vegetal e animal decompostas no solo. Representa 1/5 da disponibilidade de água doce do mundo.

159

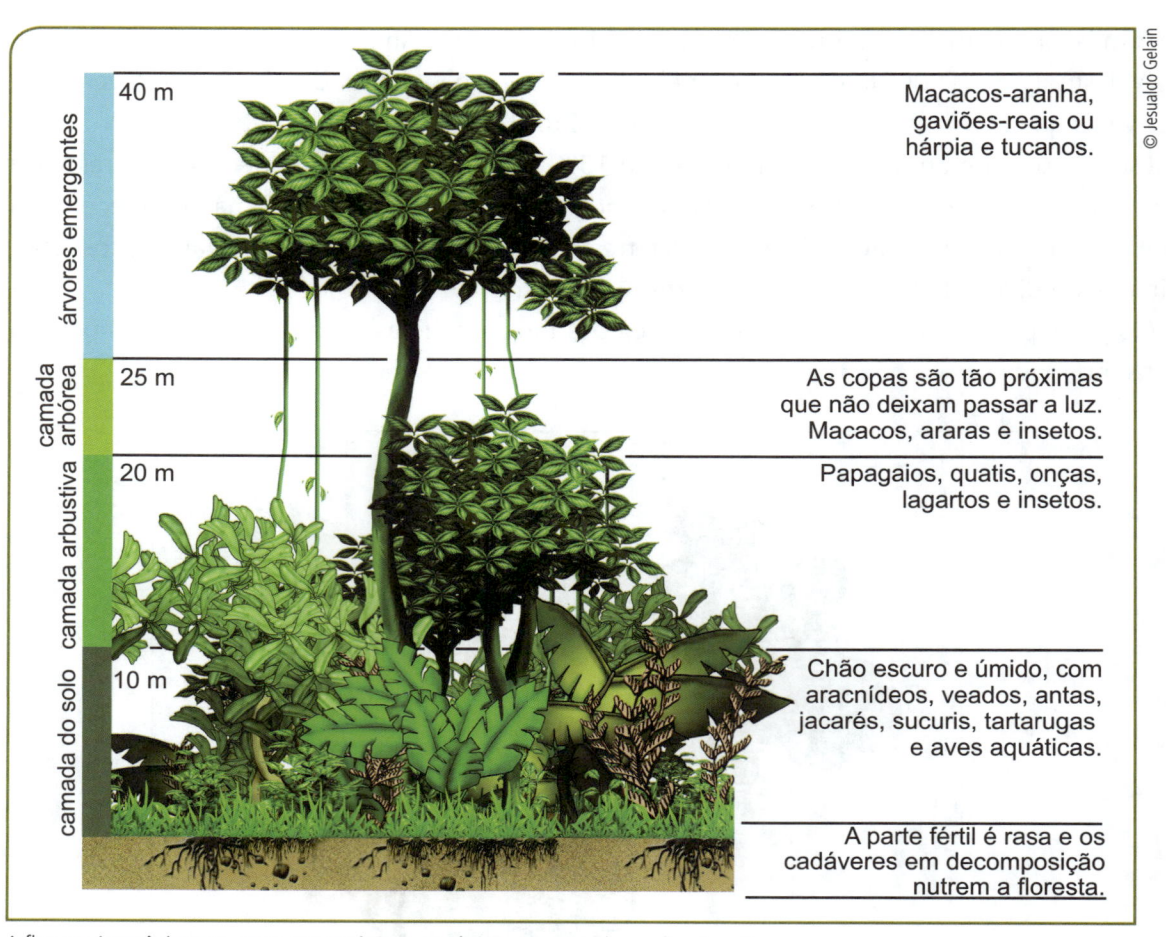

árvores emergentes	40 m	Macacos-aranha, gaviões-reais ou hárpia e tucanos.
camada arbórea	25 m	As copas são tão próximas que não deixam passar a luz. Macacos, araras e insetos.
camada arbustiva	20 m	Papagaios, quatis, onças, lagartos e insetos.
camada do solo	10 m	Chão escuro e úmido, com aracnídeos, veados, antas, jacarés, sucuris, tartarugas e aves aquáticas.
		A parte fértil é rasa e os cadáveres em decomposição nutrem a floresta.

A floresta Amazônica tem como característica uma divisão em camadas ou "andares".

A Amazônia ocupa três quintos da superfície do Brasil e se estende por outros oito países: Bolívia, Colômbia, Equador, Peru, Venezuela, Guiana, Suriname e Guiana Francesa.

AMAZÔNIA LEGAL: 59% do território – 5.217.423 km²

Amazonas, Acre, Amapá, Pará, Rondônia, Tocantins, Roraima, Maranhão e Mato Grosso.

A Amazônia brasileira passou a ser chamada de Amazônia Legal, fruto de um conceito político e não de um imperativo geográfico, devido à necessidade de o governo planejar e promover o desenvolvimento da região. Os estados que compõem a Amazônia Legal são: Acre, Amapá, Amazonas, Mato Grosso, Pará, Rondônia, Roraima, Tocantins e parte do Maranhão.

Mata dos Cocais

Formada por palmeiras, como babaçu e carnaúba, das quais extraímos óleo e cera, além do açaí.

Carnaúba.   Babaçu.   Açaí.

Complexo do Pantanal

O Complexo do Pantanal é formado por milhares de quilômetros quadrados periodicamente inundados, nos estados de Mato Grosso e Mato Grosso do Sul. Como a Amazônia, é um dos maiores santuários ecológicos do mundo.

As áreas mais baixas, nos períodos secos, constituem os campos com vegetação rasteira e raras árvores ou arbustos.

Nas áreas mais altas encontramos campos cerrados e matas, cujas árvores mais comuns são, por exemplo, o jenipapo, a aroeira e o buriti.

Pantanal.

161

Buriti.

Jenipapo.

Campo Cerrado

O Cerrado é composto por poucas árvores ou arbustos bem espalhados, além de gramíneas, que desaparecem no período de seca, nos estados de Goiás, Mato Grosso, Mato Grosso do Sul, Minas Gerais e São Paulo. A vegetação tem galhos retorcidos e casca grossa, mas não por causa da falta de água, e sim pela pobreza do solo em minerais.

Cerrado

Você sabia?

Frutos do cerrado

No Brasil, o termo biodiversidade normalmente é associado à Amazônia, mas em outros ecossistemas importantes, como é o caso do Cerrado, os recursos naturais também são diversificados, porém pouco conhecidos.

Ingá.

Jenipapo.

Pitaia.

Pequi.

Araticum, buriti, cagaita, ingá, jatobá, mangaba, pitaia, pitomba e pequi – esses nomes estranhos são de frutas desconhecidas da maioria dos brasileiros, mas que deveriam estar na nossa alimentação.

Cientistas de várias regiões do país, que estudam a fundo suas propriedades terapêuticas, mostram em suas pesquisas que essas frutas apresentam nutrientes e substâncias antioxidantes, capazes de diminuir o risco de doenças graves, segundo a nutricionista Alinne Marin, da Universidade de Brasília, no Distrito Federal.

Os frutos, dos mais variados sabores, podem ser consumidos *in natura* ou processados de diversas formas e são, com toda a certeza, a melhor maneira de atrair pássaros e favorecer a qualidade do ambiente que se quer ornamentar.

Pitomba.

163

Caatinga

Região de baixa pluviosidade. Abriga uma vegetação que perde as folhas nos longos períodos de seca. Outras espécies tiveram as folhas substituídas por espinhos ou armazenam água, como as cactáceas (coroa-de-frade, mandacaru, xiquexique).

Coroa-de-frade.

Mandacaru.

Mata Atlântica

A Mata Atântica é uma mata pluvial tropical e perene, com muitas plantas epífitas, como orquídeas e bromélias. A fauna é riquíssima. Talvez esse seja o ecossistema brasileiro mais devastado, pois, segundo especialistas, restaram aproximadamente 7% da mata Atlântica original.

Mata Atlântica.

> **Você sabia?**

Manguezal

O manguezal é uma região de transição entre o ambiente terrestre e o costeiro. No Brasil existem 12% de todos os manguezais do mundo. Eles se distribuem do Amapá até Santa Catarina em grandes áreas naturais que vem sendo destruídas e degradadas.

A destruição ocorre principalmente pelo aterro para a construção de prédios e marinas nas orlas marítimas. Já a degradação advém da utilização do local para a deposição de lixo, lançamento de esgotos residenciais ou industriais e da pesca predatória.

A importância do manguezal para o meio ambiente é enorme. No mangue vivem várias espécies de plantas e animais. É no mangue que peixes, moluscos e crustáceos que habitam o mar encontram as condições certas para reprodução. Assim o local funciona como berçário, criadouro e abrigo para várias espécies. São os manguezais que produzem mais de 95% do alimento que o ser humano pesca no mar. Desse modo, a destruição dos manguezais afeta as comunidades pesqueiras que vivem no entorno, incluindo os catadores de caranguejo.

A destruição da vegetação do mangue acaba por favorecer a erosão e o desmoronamento da costa, já que as raízes das plantas ajudam a fixar as terras.

Além disso, a destruição do ambiente do mangue faz com que muitas espécies de animais e vegetais fiquem em risco de extinção. Por isso, existe uma legislação específica para a proteção dessas áreas, mas muitas vezes ela não é respeitada.

Fonte: Adaptado de Olinto, Adrea. *O ecossistema manguezal*.
Disponível em: < http://ecologia.ib.usp.br/portal/index.php?option=com_content&view=article&id=70&Itemid=409>.
Acesso em Julho/2012.

Planta do mangue com raízes que a escoram no terreno lodoso.

Manguezal na Barra do Cunhaú distrito da cidade de Canguaretama, Polo Costa das Dunas, Canguaretama, RN

Mata de Araucária

Floresta subtropical homogênea ou com poucas espécies vegetais, onde predominam o pinheiro-do-Paraná e a araucária, cuja forma dos galhos e ramos é característica, além de samambaias arbustivas, cujo "caule" fornece o xaxim.

Campos Limpos – pampas* (ou campos sulinos)

Os pampas estão no Rio Grande do Sul e são ocupados por gramíneas em quase toda a sua extensão. As temperaturas são mais baixas do que na mata de Araucária, assim como os índices de pluviosidade.

Mata de Araucária.

Pampas gaúchos.

* Pampas: da língua indígena, significa planos.

Uso e abuso da terra

Uma das consequências negativas do uso abusivo da terra é a desertificação, provocada principalmente pelo desmatamento.

O Brasil retira anualmente 0,4% de sua cobertura vegetal, é o país que mais desmata em todo o mundo. 0,4% da cobertura florestal correspondem a 2,3 milhões de hectares (um hectare equivale a 10 000 m²).

Extrativismo ilegal de madeira na Amazônia.

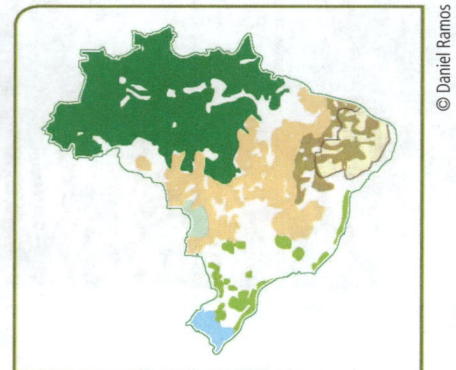

Mapa que mostra o desmatamento no Brasil. As regiões claras revelam todo o desmatamento que ocorreu de 1500 para cá.

O desmatamento ocorre por vários motivos: extração de madeiras de lei, criação de áreas para a agricultura ou para a pecuária, abertura de estradas e também queimadas.

A copa das árvores amortece a queda da água das chuvas, que, suavemente, escorre para o solo e acaba se infiltrando e atingindo os lençóis subterrâneos. Sem a cobertura da copa, a água das chuvas cai fortemente sobre o solo, promovendo enxurradas que retiram importantes nutrientes minerais, além de impedir a infiltração da água e facilitar a erosão do solo, agora muito ressecado.

Outros problemas do desmatamento

Além do empobrecimento de minerais e maiores chances de erosão, o desmatamento também promove:

- **Alterações do clima**, uma vez que, sem a copa das árvores, diminuem a transpiração vegetal e a umidade do ar, reduzindo a pluviosidade.

- **Empobrecimento do solo**, pois, nos solos pouco profundos (a Amazônia é um exemplo), os ramos e as folhas que caem são decompostos em **húmus**, um "adubo" natural que alimenta a vegetação.

- **Deslizamentos**, quando o desmatamento enfraquece o terreno das encostas.

Cabe lembrar que o desmatamento leva à destruição dos *habitats* de muitas espécies vegetais e animais, as quais acabam desaparecendo e alterando o equilíbrio dos ecossistemas.

Outros fatores de desertificação:

- exploração de minérios/garimpo;
- queimadas;
- poluição por agrotóxicos e pesticidas;
- lixo.

Mineração e garimpo

As atividades de mineração e garimpo levam ao desmatamento, desaparecimento de espécies e erosão, esta provocada pela escavação do solo, que, além disso, provoca o assoreamento de rios. A retirada de minérios empobrece o solo. O garimpo polui a água com mercúrio, que é utilizado na extração de ouro. O mercúrio é absorvido pelo pescado e daí chega ao ser humano, provocando graves problemas em seu sistema nervoso.

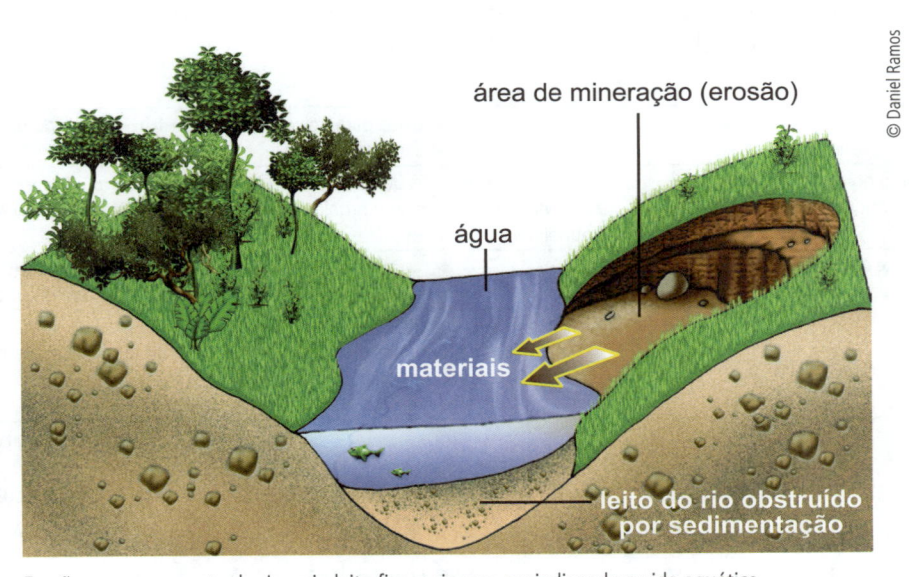

Erosão e assoreamento do rio, cujo leito fica mais raso, prejudicando a vida aquática.

Queimadas

Muitos agricultores provocam queimadas, pois preparam o solo para o plantio. As queimadas agravam o efeito estufa, porque aumentam a quantidade de CO_2 na atmosfera.

O fogo também afugenta os animais, isso quando eles sobrevivem.

O desmatamento permite maior incidência do sol, o que deixa as florestas mais secas e vulneráveis aos incêndios acidentais e criminosos.

A radiação solar é reemitida pela superfície terrestre, porém é retida pelo CO^2, o que aumenta a temperatura.

As queimadas são um fator de desequilíbrio ambiental.

Agrotóxicos

Os pesticidas usados na agricultura poluem o solo e agridem os animais e os seres humanos, provocando câncer, problemas no sistema imunológico (de defesa) e no sistema reprodutivo, causando defeitos congênitos (que passam para os filhos).

A maioria dos agrotóxicos tem efeito cumulativo, isto é, eles se acumulam em grande quantidade nos últimos (e maiores) consumidores de uma cadeia alimentar.

Em meados de 2001, a Organização das Nações Unidas listou 12 poluentes, que, aos poucos, devem ter sua utilização banida em mais de 122 países:

1. **Aldrin** – Pesticida aplicado no solo para matar cupins e outros insetos.	5. **Dieldrin** – Pesticida tóxico para peixes e sapos.	9. **Endrin** – Inseticida para as lavouras de algodão e grãos.
2. **Clordano** – Usado no controle de pragas. Afeta o sistema imunológico e causa câncer.	6. **Dioxinas** – Usadas nos desfolhantes, são abortivas, causam câncer e problemas imunológicos.	10. **Heptacloro** – Pesticida que tem causado o declínio de populações de aves. Pode causar câncer.
3. **DDT** – Pesticida que causa doenças crônicas. Banido em muitos países, inclusive no Brasil.	7. **Furanos** – Idem às dioxinas.	11. **Hexaclorobenzeno (BHC)** – Herbicida encontrado em diversos alimentos.
4. **Mirex** – Inseticida que pode causar câncer.	8. **Bifenis policlorados (PCBs)** – Usados em isolantes de transformadores elétricos e como aditivos em tintas. São associados a defeitos no sistema reprodutivo.	12. **Toxafeno** – Inseticida banido em muitos países.

(Extraído de *Programa Ambiental das Nações Unidas*.)

Para evitar o envenenamento do ambiente, uma alternativa é o controle biológico, quando tenta-se eliminar uma espécie nociva através de outra espécie que lhe dê combate; pode ser um predador, parasita ou competidor da espécie que se quer eliminar.

De acordo com a Empresa Brasileira de Pesquisa Agropecuária (Embrapa), em 1,2 milhão de hectares de soja, na região Sul do Brasil, é utilizado um vírus específico para combater a lagarta (taturana) que ataca a soja.

Lixo

Os cadáveres de animais e vegetais são transformados, no solo, através da atividade de bactérias e fungos, em minerais reaproveitados pelas plantas.

Os materiais jogados no ambiente, como plásticos, tecidos sintéticos ou artificiais etc., não se decompõem tão facilmente, e cada vez mais aumenta a população que produz lixo.

Grande parte desse lixo não é reciclada e acumula-se nos lixões e aterros, contaminando e poluindo os centros urbanos. Em pouco tempo, esses lixões estão sendo "empurrados" para a periferia e daí para a zona rural, o que representa um grande perigo para a agricultura e para os rios.

De acordo com o último levantamento do Instituto Brasileiro de Administração Municipal (Ibam), o Brasil produz mais de 1 milhão de toneladas de lixo por dia, dos quais cerca de 39% têm como destino final os aterros sanitários. Em grandes cidades, como São Paulo e Rio de Janeiro, a produção diária de lixo ultrapassa a faixa de 16 mil e 11 mil toneladas, respectivamente. Para complicar o cenário, a maior parte desse resíduo é coletada sem uma separação que permita a reciclagem de uma parcela significativa desse lixo.

O que fazer com o lixo:

- Lixões são terrenos baldios onde o lixo é amontoado, e, além de contaminar o solo, por ficar a céu aberto, acaba abrigando uma fauna (ratos, insetos etc.) que pode transmitir doenças. Tais depósitos de lixo não sofrem fiscalização rigorosa e atraem os excluídos, pessoas menos privilegiadas, que encontram ali o seu sustento.

- Incineração ou queima é um procedimento cada vez mais fora de uso, porque lança na atmosfera muitos poluentes. Ainda é usada para dar cabo do lixo hospitalar ou de drogas tóxicas apreendidas por forças policiais.

- Aterros sanitários são largos "tanques" ou buracos "forrados" com asfalto ou argila para receber o lixo e, depois de cheios, são "tampados" com outra camada de argila. São construídos longe dos centros urbanos, pois cheiram mal, facilitam a concentração de transmissores de doenças, além de produzir gás metano (explosivo), resultante da decomposição do lixo por bactérias.

- Reciclagem é o oposto do desperdício. Começa com a coleta seletiva (plástico, vidro, metal, papel e lixo orgânico, como restos de alimentos etc.) acompanhada de processos que reutilizam os materiais selecionados. Se a produção de plástico, isopor e outros materiais do gênero consome muita energia e muito petróleo, sua reciclagem é bem mais complicada do que a reciclagem de outros materiais.

- Compostagem é a separação e o reaproveitamento do lixo, originando adubo, utilizado na agricultura, e matéria-prima para a produção de plástico, papel etc. Os locais que fazem compostagem possuem equipamentos sofisticados e caros, e são chamados usinas de compostagem.

- Biodigestão é a "queima", sem oxigênio, do material de esgoto por determinadas bactérias, processo chamado fermentação (respiração aeróbia é a "queima" de açúcar com o oxigênio). Esse processo é feito em grandes "fornos", chamados biodigestores, e a partir dele se obtém gás metano, usado como combustível.

Outros problemas

O documento *Perspectiva para o Meio Ambiente Global*, elaborado por 1.100 cientistas e divulgado pela Organização das Nações Unidas (ONU) em maio de 2002, prevê que a Terra estará devastada em trinta anos.

Setenta por cento da superfície do nosso planeta estaria destruído em 2032, segundo o documento da ONU. Muitas espécies estariam extintas, a água cada vez mais escassa e a sociedade humana em verdadeiro colapso, a menos que mudemos de atitude em relação ao nosso planeta, à nossa casa, antes que Gaia (a Terra) reaja contra os seres humanos, seus principais depredadores.

Após a elaboração desse documento outras convenções e conferências foram realizadas para avaliar as perspectivas, porém não ocorreram grandes avanços e o documento permanece sem atingir seus objetivos.

O que nos espera em 2032...
... se as condições atuais de conservação do planeta forem mantidas:

- 70% da superfície terrestre estará sofrendo impacto severo causado por atividades humanas.
- 12% das espécies de pássaros (do total mundial) e 25% das espécies de mamíferos estarão ameaçadas de extinção.
- Boa parte do estoque pesqueiro estará reduzida pela poluição, contaminação e superexploração.
- Pelo menos 50% dos rios do mundo estarão improdutivos.
- A concentração de CO_2 na atmosfera estará 65% maior.
- 60% a 80% dos seres vivos sentirão a falta de água fresca etc.

(Extraído de ONU)

Você sabia?

Em fórum da ONU, Brasil defende manejo sustentável de florestas

Representantes de todo o mundo se reuniram em Nova York de 24 de janeiro até o dia 4 de fevereiro, para o Fórum das Nações Unidas para Florestas (9º UNFF), com o objetivo de discutir a proteção em caráter emergencial das florestas de todo o planeta. O manejo sustentável é o principal ponto defendido pelo governo brasileiro no evento. Segundo o diretor do Departamento de Florestas do Ministério do Meio Ambiente (MMA), João de Deus, existe a possibilidade de um modelo de desenvolvimento em que as florestas vão auxiliar no processo socioeconômico das comunidades, feito a partir da utilização de recursos múltiplos destas áreas. "Ao gerar esta multiplicidade de usos, este modelo prevê que a pressão econômica sobre os recursos florestais deve ser compatibilizada com a sua conservação em longo prazo", argumentou.

Os atuais padrões de manejo florestal têm se mostrado insatisfatórios na opinião de João de Deus. Segundo ele, a criação de novos modelos vai exigir novas tecnologias e desenvolvimento de conhecimento, além de investimentos em pesquisas nesta área. "A cooperação deve trabalhar firme e rapidamente nesse processo. Perdemos muito tempo com a propagação da ideia de que o manejo florestal seria uma única solução para todos os males", afirmou o representante do MMA.

O manejo florestal é o documento técnico que contém o planejamento para a exploração de determinadas espécies madeireiras nas florestas. Implica no manejo da floresta em que dela se extrai apenas o que ela conseguiria repor naturalmente, sem que isso comprometa o equilíbrio do ecossistema e sua capacidade de regeneração florestal e sem colocar em risco sua cobertura vegetal.

Ano Internacional das Florestas

A ONU declarou 2011 o Ano Internacional das Florestas. O lema da campanha das Nações Unidas pretende lembrar a todos que a conservação florestal não é um obstáculo ao desenvolvimento. "As comunidades podem desenvolver suas economias em um processo que esteja associado à habilidade de se conseguir manter os recursos em longo prazo." Outros temas como a preservação da biodiversidade (especialmente em florestas tropicais, que apresentam megadiversidade), redução de sua perda e manutenção de florestas como estratégia de mitigação dos efeitos de mudanças climáticas serão pautados no fórum.

Alguns dos principais serviços ambientais oferecidos pelas florestas são a regulação do clima, a manutenção e oferta de água e de alimentos. Tamanha importância também pode ser traduzida em inúmeras possibilidades econômicas decorrentes de sua utilização.

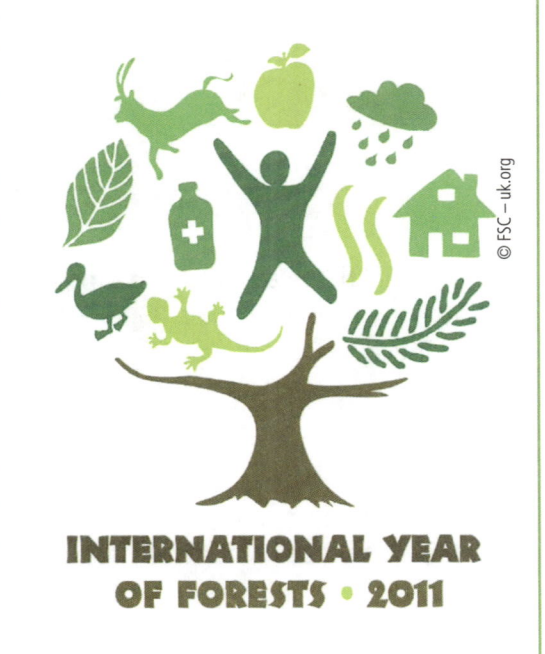

(Fonte: <http://www.ecodesenvolvimento.org.br> 26/01/11. Adaptado.)

ATIVIDADES

1 Em relação à Floresta Amazônica responda:

a) O que significa Amazônia Legal?

b) Quais os estados que compõem a Amazônia Legal?

2 Explique por que é perigoso derrubar grande parte da floresta Amazônica para utilizar a área na agricultura.

3 Pesquise como fazem muitas plantas da Caatinga para resistir à falta de água no período de seca.

_____

_____

_____

4 A mata Atlântica também é uma floresta úmida e possui árvores, como pau-brasil, jacarandá, jatobá, caviúna e canela. Qual a região fitogeográfica brasileira mais parecida com a mata Atlântica?

_____

5 O Cerrado é uma região fitogeográfica que possui água, mas ela está em lençóis subterrâneos mais ou menos profundos. Responda:

a) Se os rios da Caatinga secam na estação seca, o que acontece com os rios do Cerrado?

_____

_____

_____

b) Como as plantas do Cerrado obtêm água?

_____

_____

_____

c) Compare o Cerrado com as savanas africanas.

_____

6 Associe as duas colunas:

A – Predomínio de plantas herbáceas.

B – Raízes profundas e solo pobre em minerais.

C – Grande número de cactáceas.

D – Floresta de folhas largas.

I – Cerrado

II – Hileia

III – Campos sulinos

IV – Caatinga

7 Observe as imagens e responda:

Figura A   Figura B

a) A figura A retrata qual bioma? Justifique.
_____
_____
_____
_____
_____
_____
_____
_____

b) A figura B retrata qual bioma? Justifique.
_____
_____
_____
_____
_____
_____
_____
_____
_____
_____

8 (UEMG) Nova tentativa

Dirigentes do G8 e de outros nove países afirmam: a meta é manter o planeta apenas 2 graus mais quente do que em 1900.
Depois do fracasso do Protocolo de Kyoto, o pacto que estabelecia metas para algumas nações diminuírem a emissão de gases causadores do efeito estufa, o mundo parece estar mais próximo de um acordo antipoluição. Um avanço nesse sentido ocorreu na semana passada, em Áquila, na Itália, na reunião de cúpula do G8. Outros nove países participaram do encontro como convidados. Pela primeira vez, os Estados Unidos apoiaram ações contra o aquecimento global. O foco de resistência ao pacto climático está agora em outro grupo de países, pois, por pressão da China e da Índia, os países do grupo do G5 não definiram a redução de, pelo menos, metade das emissões de gases do efeito estufa, até 2050.

(Fonte: Texto adaptado. Revista Veja. 15/07/2009.)

Com base nas informações deste texto e nos seus conhecimentos sobre o fenômeno do aquecimento global, está CORRETO o que se afirma na alternativa:

a) O Protocolo de Kyoto foi uma tentativa de estabelecer a redução dos gases causadores do efeito estufa nos países subdesenvolvidos.

b) A oposição contra um acordo antipoluição vem agora de um grupo de nações emergentes, que estão em desenvolvimento.

c) A China resiste ao acordo, pois é um país que apresenta baixos índices de emissão de gases causadores do efeito estufa.

d) Os Estados Unidos fizeram uma promessa de reduzir, ainda nesta década, 80% dos gases lançados na atmosfera.

9 (Unesp) Analise as afirmações sobre os recursos naturais brasileiros e os biomas que os agregam.

I – Na Amazônia, a expansão agrícola e a presença de assentamentos, a partir das margens de novas rodovias, não colaboram com a degradação da floresta.

II – O estudo da biodiversidade dos biomas brasileiros pode gerar riqueza e crescimento econômico na forma de novos medicamentos e novas fontes de biocombustível.

III – O cerrado, desde que corretamente manejado, é ideal para o cultivo da soja e para a criação de gado e por apresentar espécies arbóreas, arbustivas e herbáceas, frequentemente devastadas por queimadas, é considerado como um bioma pouco expressivo em biodiversidade.

IV – Os desmatamentos e as queimadas da floresta Amazônica transformam os solos férteis, ricos em húmus, em solos frágeis e pobres em nutrientes, tornando-os inadequados à agricultura.

V – A conservação de áreas com vegetação nativa ajuda a purificar e manter os cursos d'água, restaurando o solo e diminuindo o impacto das mudanças climáticas.

(Edward O. Wilson. *Veja* – Edição Especial 40 anos, Setembro/2008. Adaptado.)

Estão corretas apenas as afirmações:

a) I, II e III.
b) III, IV e V.
c) II, IV e V.
d) I, II e IV.
e) II, III e V.

TEXTO PARA AS PRÓXIMAS 2 QUESTÕES:

O sistema de alerta baseado em satélites do Instituto Nacional de Pesquisas Espaciais (Inpe) detectou 498 km2 de desmatamentos na Amazônia Legal por corte raso ou degradação progressiva, em agosto de 2009. Desse total, 301 km2 foram registrados no Pará.
A cada quinzena, os dados são enviados ao Ibama, responsável pela fiscalização das áreas. O sistema indica tanto áreas de corte raso – quando os satélites detectam a completa retirada da floresta nativa – quanto áreas classificadas como degradação progressiva, que revelam o processo de desmatamento na região.

(Fonte: Adaptado de: <www.inpe.br>.)

10 ((Ufrgs) Considere as seguintes afirmações sobre o processo de exploração econômica da Amazônia e a questão ambiental.

I – A derrubada da floresta contribui para o aumento da precipitação na região amazônica.

II – A derrubada da floresta contribui para o avanço e a consolidação da caantiga.

III – A exploração econômica atual compromete a sustentabilidade da floresta Amazônica.

Quais estão corretas? Justifique.

a) Apenas I.
b) Apenas II.
c) Apenas III.
d) Apenas II e III.
e) I, II e III.

11 ((Ufrgs) Considere as seguintes afirmações sobre a Amazônia Legal.

I – Ela foi estabelecida na década de 1960 para permitir que fossem aplicadas políticas públicas para o desenvolvimento da região.

II – O principal objetivo de sua criação foi a preservação da floresta Amazônica.

III – Ela compreende os estados da Região Norte e os da Região Centro-Oeste.

Quais estão corretas?

a) Apenas I.
b) Apenas II.
c) Apenas III.
d) Apenas II e III.
e) I, II e III.

12. Qual a importância dos manguezais?

_____
_____
_____
_____
_____

15 Cite cinco causas da degradação/destruição dos manguezais.

a) _____

b) _____

c) _____

d) _____

e) _____

16 Pesquise se na sua região ou próximo a ela há manguezal. Se houver, pesquise se a região está preservada ou se há degradação/destruição do local. Pesquise também se há alguma comunidade pesqueira que vive daquela área e se há respeito a legislação que protege o mangue.

_____
_____
_____
_____
_____
_____
_____
_____
_____
_____
_____
_____